설득력 100% 세일즈 화법

노후 준비에 연금보험이 딱!인 이유

노후 준비에 연금보험이 딱인 이유

발행일	2015년 11월 6일
지은이	정 대 호
펴낸이	손 형 국
펴낸곳	(주)북랩
편집인	선일영　　　편집　서대종, 이소현, 김아름, 권유선, 김성신
디자인	이현수, 신혜림, 윤미리내, 임혜수　　제작　박기성, 황동현, 구성우
마케팅	김회란, 박진관
출판등록	2004. 12. 1(제2012-000051호)
주소	서울시 금천구 가산디지털 1로 168, 우림라이온스밸리 B동 B113, 114호
홈페이지	www.book.co.kr
전화번호	(02)2026-5777　　　팩스　(02)2026-5747
ISBN	979-11-5585-793-9 13320(종이책)　　979-11-5585-794-6 15320(전자책)

잘못된 책은 구입한 곳에서 교환해드립니다.
이 책은 저작권법에 따라 보호받는 저작물이므로 무단 전재와 복제를 금합니다.

이 도서의 국립중앙도서관 출판예정도서목록(CIP)은 서지정보유통지원시스템 홈페이지(http://seoji.nl.go.kr)와
국가자료공동목록시스템(http://www.nl.go.kr/kolisnet)에서 이용하실 수 있습니다.
(CIP제어번호 : CIP2015029759)

성공한 사람들은 예외없이 기개가 남다르다고 합니다.
어려움에도 꺾이지 않았던 당신의 의기를 책에 담아보지 않으시렵니까?
책으로 펴내고 싶은 원고를 메일(book@book.co.kr)로 보내주세요.
성공출판의 파트너 북랩이 함께하겠습니다.

설득력 100% 세일즈 화법

노후 준비에 연금보험이 딱!인 이유

정대호 지음

북랩 book Lab

| 시작하는 글 |

청춘, 듣기만 하여도 가슴 설레는 말입니다.
그럼, 노후라는 말은 어떤가요? 가슴 설레시나요?

일본의 심각한 사회문제 중 하나가 황혼이혼이라고 합니다. 우리는 어떨까요? 우리에게도 황혼이혼은 점차 심각한 사회문제로 다가오고 있습니다. 아니, 벌써 시작되었죠.

재수가 없으면 황혼이혼, 혹시 재수가 따르면⋯ '황혼신혼'?
과연 재수의 문제일까요? 재수가 아니라 재주의 문제입니다. 어떤 재주일까요? 그건 마음의 여유를 만드는 재주입니다. 서로가 마음의 여유만 있다면 행복한 황혼신혼을 맞이할 수 있다고 생각합니다. 마음의 여유는 어떻게 만들어야 할까요?
젊어서든 늙어서든 행복한 삶을 살아가려면, 건강은 기본입니다.

몸도 건강하고 마음도 건강해야겠죠. 그럼 건강 외에 무엇을 준비해야 할까요? 살아가면서 다음 세 가지의 여유를 갖춘다면 누구나 행복하게 살아갈 수 있다고 자신합니다.

첫째, 경제적 여유.
둘째, 시간적 여유.
셋째, 공간적 여유.

사실, 현대 사회에서 경제적 여유 없이 행복하다는 건 짝사랑이 더 행복하다고 우기는 억지와 같다고 생각합니다.
하지만 아무리 경제적으로 여유가 있을지라도 1년 365일 하루도 쉬지 못하고 일해야만 한다면, 행복할 수 있을까요? 아무 생각 없는 기계처럼 쉴 틈 없이 일만 해야 한다면, 행복하기는 힘들 것입니다. 제 주위에서 한창 잘 되는 사업을 접으신 분들 중에는 돈도 좋지만 사람답게 살고 싶다고 그만두신 분들도 꽤 있답니다.
그럼, 돈 많고 시간만 되면 행복할까요? 돈도 많고 시간도 있는데, 가족들과 떨어진 머나먼 외국에서 일해야 한다면… 어떠신가요? 제 동생은 1년의 절반 이상을 외국으로 출장 다니는 게 싫어서 회사를 옮겼답니다.

또, 함께하기 싫은 사람들과 같이 있어야만 한다면 어떨까요? 직장인들이 그만두는 대부분의 이유가 사람 때문이라고 합니다. 내가 살고 싶은 곳에서 살고, 함께하고 싶은 사람들과 있어야 행복할 수 있겠죠.

기본적으로 건강하고, 경제적·시간적·공간적 여유를 갖췄다면 마음의 여유를 통해 누구나 행복할 수 있다고 생각합니다. 사회의 책임 있는 한 사람으로서 주위를 도우며 가치 있고 보람 있는 삶을 살 수 있겠죠.

그런데도 행복하지 못하다면… 어쩔 수 없죠. 그런 사람은 피할 수 없는 불행을 안고 사는 사람일 거라 생각합니다.

그 누구에게도 나이가 든다는 게 결코 유쾌한 사건은 아닐 것입니다. 할 수만 있다면 피하고 싶고, 생각도 하기 싫은 모습일지도 모르죠. 하지만 우리는 모두 예약된 노인입니다. 봄, 여름 지나 가을, 겨울이 오는 것처럼 언젠가는 우리도 노인이 되는 거죠.

이왕 노인이 된다면 경제적 여유를 잘 갖춰 주어진 시간 동안 내가 살고 싶은 곳에서, 함께하고 싶은 사람들과 노후를 즐기는 건 어떨까요?

비록 지금은 힘들어도, 늙어서라도 우리 행복해 봅시다.

모두의 황혼신혼, 행복한 보너스 인생을 응원합니다.

책을 완성하기까지 많은 조언과 도움을 주신 박상현님, 박현정님, 이경미님, 그리고 책을 펼칠 수 있도록 협조해주신 북랩출판사에 감사를 드립니다.

2015년 가을
정대호

| 목차 |

시작하는 글 004

1장 Why - 노후를 준비해야 하는 이유

왜 노후를 준비해야 하나? 017
우리에게 산타는 없다 019
사자의 수명 021
공부와 노후 준비 024
행복은 U입니다 026
부자가 되고 싶으신가요? 028
생존인가, 생활인가? 030
노년의 3대 고통 032
당당한 노년 034
일등과 꼴등 036
왜 일하시나요? 038
자녀는 잘 키워야 한다 040

어른 한 번, 애는 두 번	····· 042
옛날로 돌아간다면	····· 044
연극이 끝나고 난 뒤	····· 045
거울 속의 나	····· 047
당장의 고통 없는 노후	····· 048
자동차에서 가장 중요한 건	····· 050
어느 쪽이 오래 살까요?	····· 052
불행한 인생의 4대 유형	····· 054
노인 빈곤율	····· 056
개미와 베짱이	····· 059
성공한 인생	····· 061
미래의 인구 변화	····· 063
개구리 이야기	····· 066

2장 How - 노후를 준비하는 방법

어떻게 준비해야 하나?	071
연금의 뉴턴 법칙	073
성경이 들려주는 미래 준비	076
세상의 세 가지 금	078
돈에 붙이는 이름	080
지금은 여유가 안 된다?	082
마르지 않는 우물	084
늙어서도 일을 가지십시오	086
수명은 길어질까, 짧아질까?	088
단기상품을 즐기시는 분들	090
인생은 고도리판	092
불안이냐, 불편이냐?	094
끈기와 노력	096
중요한 건 속도가 아니라 방향	098
돈보다는 핏줄	100
예약된 노인	102
돈에 달린 눈	104

늦었다고 생각되신다면	····· 106
자녀를 위해서	····· 108
시간과의 싸움	····· 110
하루살이 인생	····· 112
90대 노인?	····· 114
앞으로의 금리는?	····· 116
세상에 공짜는 없다	····· 119
토끼와 거북이	····· 121
오늘 할 일을 내일로 미루지 말라	····· 123

3장 What - 행복한 노후를 위한 선택

무엇을 준비해야 하나?	······129
생각의 차이	······133
묘수 많으면 바둑 진다	······135
국민연금의 탄생 이유	······137
국민연금이 있다?	······139
국민연금 포스터 공모 최우수작	······141
한국과 유럽의 국민연금 차이	······143
집을 짓는다면?	······146
늙은 노인과 나이 든 노신사	······149
아니다 싶으면	······151
연금은 누구 앞으로?	······153
부동산 불패?	······155
일시금과 연금	······158
불안한 부자, 행복한 부자	······161
평생 연금과 시한부 연금	······163
복리의 마술	······165
수익의 크기	······169

연금을 넣으면 얼마나 받을까?	······ 172
준비되어 있다고요?	······ 174
저금리 시대, 확정금리형 상품	······ 176
저금리 시대, 금리연동형 연금보험	······ 177
저금리 시대, 변액연금보험	······ 180
변액연금보험의 특징	······ 182
수익성이냐, 안정성이냐?	······ 185
투자 리스크 헤지 방법	······ 187
부수적인 투자 리스크	······ 189
세제적격이냐, 세제비적격이냐?	······ 192
중도 인출이 안 되는 연금상품	······ 194

노후를 위한 10가지 생각거리	······ 196
노후를 위한 몇 가지 제언	······ 200
끝맺는 글	······ 202

꽃이 꽃이라는 이름으로
향기로운 게 아니듯
그대는 그대로 향기롭다.

별이 별이라는 이름으로
빛나는 게 아니듯
그대는 그대로 빛난다.

삶이 삶이라는 이름으로
소중한 게 아니듯
그대는 그대로 소중하다.

1장

Why

노후를 준비해야 하는 이유

인생 사계절

봄…
새롭고 반가운 어린 날의 모습
인생은 봄뿐인 성장의 시간

여름…
열정을 불태우는 젊은 날의 모습
벼 알갱이 여물어 가는 성숙의 시간

가을…
나누고 베푸는 중년 날의 모습
오색단풍 낙엽 속에 바람이 이는 시간

겨울…
지난날을 관조하는 늙은 날의 모습
평온한 마침표를 위한 종착의 시간

인생은
봄에 자라 여름을 이기고
가을을 수확하여 겨울에 떠난다

우리는 지금 어느 계절인가요?

1장 Why -노후를 준비해야 하는 이유

왜 노후를
준비해야 하나?

수요와 공급의 법칙 아시죠?
우리 삶에서도 수요와 공급이 항상 맞아 떨어질까요?

살아가면서 언제든 필요한 만큼의 돈이 공급된다면, 우린 평생 돈 걱정 없이 살아갈 수 있겠죠. 하지만 수요와 공급이 원하는 대로 조절되지는 않기에, 지금 여유롭다고 쓰고 싶은 대로 쓰면서 살아갈 수는 없는 것입니다.

누구나 처음 직장생활을 할 때는 쓰는 돈보다 오히려 버는 돈이 많을 것입니다. 그러다 결혼하면서, 자녀를 낳아 양육하면서… 점차 쓰는 돈이 많아지게 됩니다. 정년을 맞이하는 60세까지는 가장으로서의 책임을 다해야 하고, 그 이후는 노후생활에 대한 책임을 져야 합니다. 하지만 정년인 60세 이전에 이미 버는 돈보다 쓰는 돈이 많아지는 수입과 지출의 역전이 발생하죠. 통계상 보통 50세 전후라고 하는데, 그 시간이 오기 전에 절대적으로 준비해야 합니다.

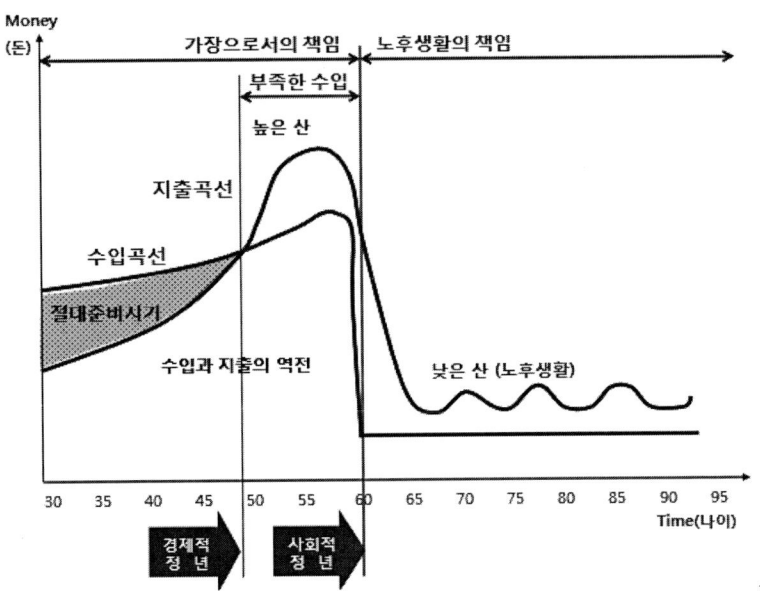

[그림 1-1] 수입과 지출의 라이프사이클

배의 진로를 결정짓는 것은 바람의 방향이 아니라 돛의 방향이라고 하죠. 미래를 준비할 때 중요한 것은 돈의 많고 적음이 아니라 인식과 의지입니다. 지금 당장, 여유가 되면 되는 대로, 안 되면 안 되는 대로 조금이라도 준비를 시작하십시오.

1장 Why -노후를 준비해야 하는 이유

우리에게 산타는 없다

산타가 있다고 믿으시나요?
우리에게 산타가 있을까요?

"산타할아버지는 알고 계신대, 누가 착한 앤지 나쁜 앤지."
어린 시절 크리스마스 때면 항상 부르던 노래죠.

가족을 위해 모든 걸 헌신하고, 정말 착하고 올바르게 살아가면 노후에 '짠' 하고 산타가 나타나 선물을 줄까요?
"그동안 참 고생했다. 이제부터는 아무 걱정 없이 편하게 살아라." 하며 말이죠. 그런 생각을 할 나이는 지나지 않았나요?

우리 자녀들의 산타할아버지는 누구일까요?
어린 시절에는 우리에게도 산타할아버지가 있었죠.

그때 산타였던 부모님이 지금도 산타 역할을 할 수 있을까요?

우리의 부모님이 어느 날 머리맡 양말 안에 많은 금액이 들어있는 통장을 유산으로 물려줄 수 있다면, 지금 이대로 살아가도 될 것입니다.

그렇지 않다면 지금부터 준비해 가십시오. 아무런 준비 없이 마냥 착하게 헌신적으로만 살아간다면, 60이 넘은 어느 날 이유 없이 죄인이 되어버린 자신을 만나게 됩니다. 나도 모르게 착한 어른이 아닌, 나쁜 어른이 되어 버리는 것입니다.

사자의 수명

야생의 사자가 오래 살까요?
동물원의 사자가 오래 살까요?

　우리 인간 사회에서 노인 문제는 갈수록 그 심각성이 커지고 있습니다. 동물의 세계는 어떨까요?
　동물의 세계에는 노령 문제가 없습니다. 늙은 동물은 아예 도태되어 죽어버리게 되죠. 동물의 세계에는 효도도 없고, 양로원도 없고, 실버산업도 없습니다.
　젊은 얼룩말은 시속 60km를 넘는 속도로 달리지만, 늙으면 속도가 떨어져 사자의 밥이 됩니다. 반대로 젊은 사자는 시속 60km까지도 달리지만, 늙으면 느려져 사냥을 못 하거나 젊은 사자에게 쫓겨나 도태되어 죽기도 합니다.

노후 준비에 **연금보험이 딱!**인 이유

동물에겐 평균수명이라는 게 별 의미가 없습니다. 야생의 사사는 겨우 10년 정도 사는데, 동물원의 사자는 20년을 산다고 하죠. 이렇게 차이가 나는 건 노령화, 도태로 인한 죽음뿐 아니라 질병이나 사고를 당해도 치료받을 방법이 없고, 몸이 아프거나 늙어도 생존을 위해 사냥을 해야만 하는데, 먹잇감들 역시 생존을 위해 필사적으로 도망가거나 저항을 하기 때문입니다.

한마디로 보호받지 못하는 삶에 의한 수명 단축이죠.

자연 생태계의 이런 죽음, 수명이 다하지 않았음에도 환경에 의해 죽게 되는 것을 생태적 수명이라고 합니다. 반대로 천수를 다하며 죽는 것을 생리적 수명이라 하죠.

동물과 달리 우리 인간은 지능이 있기 때문에 생리적 수명을 누릴 수 있습니다. 국민연금, 건강보험 같은 사회의 기본적인 보장은 물론, 스스로 준비하는 개인적인 보험도 있죠.

우리 인간 세상에도 생리적 수명을 다하지 못하는 사람들이 있습니다. 미래에 대해 아무런 준비도 하지 않은 채 "큰 병 걸리면 그냥 죽어버리겠다.", "큰 사고 당하면 차라리 죽어야지." 하는 사람들. 쉽게 목숨을 끊지도 못하면서 제대로 된 생활도 못 하고, 주위에 민폐만 끼치다가 생리적 수명도 못다 누리고 가는 거죠.

　주위를 보서도 노후가 준비된 사람이 그렇지 못한 사람들보다 오래 삽니다. 그것도 행복한 노후를 즐기면서 말입니다. 육체적, 경제적으로 능력이 될 때 노후에 대한 준비를 마치십시오.

노후 준비에 연금보험이 딱!인 이유

공부와
노후 준비

자녀들이 공부는 열심히 하나요?
자녀들이 공부를 제대로 안 하면 어떠신가요?

　자녀에게 공부를 하라는 건 부모들이 자기들 좋자고 하는 말은 아닐 것입니다. 저도 자녀에게 공부하라고 쓴소리를 할 때가 있는데, 다 저희들 잘되라고 하는 얘기지 저 좋으려고 하는 얘기는 아니거든요.

　공부와 노후 준비의 공통점이 뭘까요? 다 시기가 있다는 것입니다. 공부할 시기를 놓치면 결국 자녀들이 고생할 건데, 부모 속도 모르고 나중에 후회할 짓을 하는 거죠.
　노후 준비를 미루는 분들을 보면 참 답답하고 가슴이 아프답니다. 노후 준비란 것도 시기가 있는 건데…

1장 Why - 노후를 준비해야 하는 이유

세상엔 때를 놓치면 놓친 대로 그냥 살아가도 되는 일이 있고, 때를 놓쳤음에도 결국은 해야 하는 일들이 있습니다. '하고 싶은' 것은 굳이 안 해도 되지만, '해야만 하는' 것은 꼭 해야 한다는 얘기입니다.

공부는 안 했으면 안 한 대로, 쉽게 말해 대학을 안 가면 그만입니다. 하지만 노후 준비가 안 되었다고 노후를 안 맞이할 수 있나요? 대학에 가지 않는 건 내 마음대로지만, 노후를 맞이하지 않는 건 내 마음대로가 아닙니다.

자녀에게 미래를 위해 공부하라고 하듯이, 부모들도 미래를 위해 준비해야 합니다. 보험회사를 위해서가 아니라 우리 스스로를 위해 지금부터 시작해야 합니다.

행복은 U입니다

지금 행복하시나요?
일생 동안 언제가 가장 행복할까요?

영국 어느 대학에서 전 세계 80개국 200만 명을 대상으로 삶에 대한 행복지수를 분석해 행복과 나이의 상관관계를 발표했습니다.
그 결과를 보면 행복은 'U'랍니다. 당신이 있어서 행복하다는 뜻은 아니고요. 행복지수가 U자 모양으로 그려진답니다.

어린 시절에는 행복하다고 느끼다가 나이가 들면서 점점 만족도가 낮아져 40대에 가장 불행함을 느끼고, 우울증에 걸릴 가능성도 높다고 하죠. 50대에 접어들면서 우울함을 서서히 떨쳐내고 70대가 되면 20대와 비슷한 행복감을 느낀다고 하네요.

1장 Why -노후를 준비해야 하는 이유

왜 그럴까요?

우리도 그럴까요?

아무런 하는 것 없이 시간만 가면 다시 행복해질까요?

안타깝지만, 결코 그렇진 않을 것입니다.

이 시기를 넘어 다시 행복해지고 싶다면, 지금 행복할 준비를 해두어야 합니다. 말로만 행복을 바랄 것이 아니라 행동으로 옮겨야 합니다.

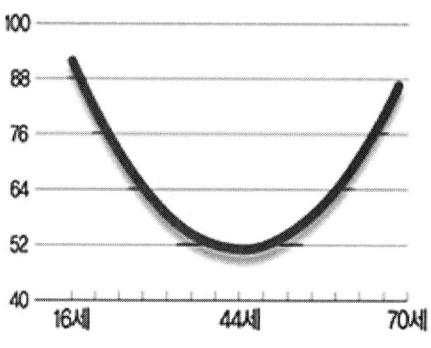

[그림 1-2] U자형 행복지수 그래프

자료: 영국 워윅대 앤드루 오즈월드 연구팀(2008),
전 세계 80개국 200만 명을 대상으로 조사한 결과

노후 준비에 연금보험이 딱!인 이유

부자가 되고
싶으신가요?

부자가 되고 싶으신가요?
얼마가 있어야 부자라 할 수 있을까요?

금융자산이 10억 이상이면 부자라고 합니다. 우리 대한민국에 그런 부자가 몇 명이나 있을까요?

15만 명 정도라고 합니다. 5,000만 인구 중에 15만 명…, 쉽게 말씀드려서 333명 중 1명입니다. 333명 중 1등… 사실 어렵죠. 더구나 대부분이 부모로부터 물려받은 재산일 것입니다.

부자 되는 길을 가르쳐 드릴까요?
부자가 되는 세 가지 길이 있습니다.
첫째는 부모입니다. 부자인 부모의 자녀로 태어나는 거죠.
둘째는 배우자입니다. 부자인 배우자를 만나면 되죠.

1장 Why -노후를 준비해야 하는 이유

둘 중 해당되는 게 있으신가요?

마지막 하나는 뭘까요?
자녀입니다. 자녀를 박지성, 류현진, 김연아, 손연재 같이 키우는 거죠.
전 세 번째도 이미 물 건너갔습니다. 당신은 어떠신가요?

예로부터 부자는 하늘이 만든다고 했습니다. 그렇다고 하늘을 원망하고 있을 순 없겠죠? 그나마 다행인 건 가난은 스스로가 만든다는 거죠. 설마 가난을 만들 생각은 아니실 거고….

스스로 준비하십시오. 부자로 살지는 못할지라도 여유로운 삶으로 행복을 누릴 순 있습니다.

노후 준비에 연금보험이 딱!인 이유

생존인가, 생활인가?

삶은 '생존'일까요, '생활'일까요?
생존과 생활, 비슷한 듯 다른 말이죠.

생존은 단지 살아 있는 자체를 말하고, 생활은 활동하며 살아간다는 의미죠. 극단적인 예로 뇌사상태라면 생물학적으로는 생존해 있는 상태지만, 누가 생활하는 삶이라고 하겠습니까?

삶이란 살아 숨 쉬는 생존이 아니라, 살아 움직이는 생활이 되어야 합니다. 지금은 생활하다가 나중에 은퇴하면 생존만 하겠다고 생각하는 건 아니시죠?

생존에도 돈이 들지만, 생활에는 더 많은 돈이 듭니다. 생존비용은 의식주에만 들이면 되지만, 생활비용은 의식주는 물론 교통비, 통신비, 취미활동비, 교제비 등 많은 항목이 더해져야 합니다.

은퇴 후에도 생존이 아니라 지금처럼 생활하는 삶을 만들기 위해 안정적인 수입원이 있어야만 합니다. 매월 변함없이 나오는 노후의 월급을 만들어 두시죠.

노년의
3대 고통

노년의 3대 고통이라고 들어보셨습니까?
나이 들어 몸은 아프고 돈은 없고 게다가 외롭기까지 한다면….
이것을 노년의 '3고苦'라고 합니다.

건강은 지금부터 스스로 챙기셔야 합니다. 은퇴 후 멋진 보너스 인생을 위해서 건강관리를 잘 해 두십시오.

나머지 돈과 외로움은 연금보험으로 준비하십시오.
지금부터라도 제대로 된 노후를 준비하신다면 노년의 빈곤을 막을 수 있습니다. 경제적인 능력만 잘 갖춰두면 자녀들도 친구들도 우리를 찾아올 것입니다. 특히나 같이 늙어가는 친구들은 자기들도 외로울 테니까요.

인생도 학교처럼 학년말이면 성적표를 받습니다. 노년의 삶이란 인생의 성적표와 같아서, 얼마나 잘 살아왔는지 노후의 삶이 말해줄 것입니다.

당당한 노년

몇 살까지 살 거라 생각하시나요?
언제까지 살게 될까요? 80세? 90세?

적어도 100세까지는 생각하십시오. 2030년 이후엔 평균수명 100세 시대가 된다고 합니다. 앞으로 15년만 지나면 평균적으로 100세까진 살 거라는 얘깁니다. 박영숙·제롬 글렌의 『유엔미래보고서 2045』를 보면 2045년엔 평균수명이 130세까지 늘어난다고 합니다. 기대되시나요? 혹시 갑갑하신 건 아니겠죠?

어디론가 길을 갈 때, 앞으로 2시간은 더 가야 한다고 생각했다가 1시간 만에 끝나면 "어, 생각보다 짧네." 하면 그만입니다.
하지만 1시간만 가면 된다 생각했다가 2시간이 걸리게 되면…, 더 걸리는 1시간 동안 진짜 짜증 날 것입니다. 게다가 가는 동안에 더 늘어날 수도 있습니다. 장수는 축복이랬는데, 짜증 나는 삶이 되어서는 안 되겠죠?

우리가 언제 죽을지 모른다는 얘기는 언제까지 살지도 모른다는 얘깁니다. 인생이란 여정은 생각보다 길어질 가능성이 큽니다. 적어도 살아있는 동안은 내 가족에게 부담되지 않는 당당한 노년을 살아가십시오.

일등과 꼴등

1980년대에 있었던 과외금지법을 아시나요? 전두환 대통령 시절, 과외를 금지시켰던 적이 있었죠. 사교육 없이 다들 공교육으로만 공부를 하던 시절입니다.

다들 똑같은 선생님한테 똑같은 교육을 받는데 성적은 어땠을까요? 출발선은 똑같은데 희한하게도 일등부터 꼴등까지 나뉘게 됩니다. 마찬가지로 똑같은 직장에서 똑같은 돈을 받아도 플러스 인생과 마이너스 인생으로 나뉘게 되죠.

우리는 어떤가요? 이번 기회에 플러스인지 마이너스인지 성적표를 한번 점검해 보고, 미래를 위해 진지한 고민을 해야 합니다. 여유만 있으면 준비하겠다고 하지만, 여유는 생기는 게 아니라 스스로 만들어 가는 것입니다.

 아이들이 시간이 남아서 공부하는 게 아니라 공부해야 되니까 공부하듯이, 우리도 돈이 남아서 준비하는 게 아니라 준비해야 되니까 준비하는 것입니다.

 일단 시작해 보십시오. 일등이 아니라고 꼴등까지 내려갈 건 아니잖습니까?

왜 일하시나요?

다들 참 열심히 살아가는데…
그렇게 열심히 사는 이유가 뭘까요?

세상의 모든 가장들이 가족을 위해 정말 열심히들 살아갑니다. 그래서 아빠의 술잔에는 눈물이 절반이라고 하는지도 모르죠.

세월이 흘러 나이가 들어도… 와이프에겐 듬직한 남편, 자녀들에겐 당당하고 멋진 아빠이고 싶지 않은가요?

늙어서도 멋지고 당당한 모습을 만들어 주는 최소한의 준비가 바로 연금입니다. 세월을 이길 순 없어도 세월에 지지 않고 더불어 살 수는 있습니다.

젖은 낙엽의 비애라는 얘기 들어보셨습니까? 일본에서는 은퇴자들을 빗대어 '젖은 낙엽족'이라 합니다. 남자들이 퇴직 후에는 아내의 뒤만 졸졸 따라다니기 때문에 붙은 별명이죠. 낙엽 취급도 서러운데 그나마 안 떨어지려 붙어 있는 젖은 낙엽에 비유되니 참 안타까운 현실입니다.

지금부터 충분히 준비해서 기품 있고 당당한 노후를 맞이하십시오.

자녀는 잘 키워야 한다

멍청한 질문 하나 드릴게요.
자녀는 잘 키우는 게 좋을까요? 잘못 키우는 게 좋을까요?

자녀를 잘 키우면 누가 좋을까요? 걔들의 남편, 부인에게나 좋은 일 한 거죠. 잘 키워봤자 자기들만 좋을 것입니다. 곁을 떠나 1년에 한두 번 특별한 날 아니면 보기도 힘들 거고요.

그래도 잘 키워야 됩니다. 만약 잘못 키우기라도 하면 곁에는 있겠지만 빌붙어서 먹고사는 평생 골칫덩이가 될지도 모릅니다. 늙은 부모가 용돈 안 준다고 행패 부리는 30~40대 무직자 아들 어쩌고 하는 황당한 뉴스 보신 적 있으시죠?
자녀는 잘 키우면 남이 되고, 잘못 키우면 짐이 되는 것입니다.

어떻든 자녀는 우리의 노후 보험이 아닙니다. 잘 키우든 못 키우든 자녀가 우리의 노후를 지켜주진 못할 것입니다. 자기들 먹고살기만도 힘든 세상이거든요.

이렇게 말하고선 자녀를 하나 더 키우라고 권하면 황당하겠죠?

이번 기회에 죽는 날까지 내 곁을 지켜줄 효자 하나 키우십시오. 매월 아이들 학원 한둘 보낼 돈으로 연금을 준비해 두신다면, 평생을 함께하는 효자로 자라날 것입니다.

어른 한 번, 애는 두 번

어른은 한 번 되고, 애는 두 번 된다는 얘기 들어 보셨나요?

세상에 태어나 처음엔 다른 사람의 손길 없이 살 수 없습니다. 반대로, 세상을 떠나는 마지막에도 사람답게 죽으려면 다른 사람의 손길이 필요하게 됩니다. 그래서 어른은 한 번, 애는 두 번 된다고 얘기하죠.

아기 땐 어떠셨나요? 기억은 안 나겠지만 부모님이 더없는 사랑과 관심으로 돌봐줬을 것입니다.

인생 말년엔 어떨까요? 자녀들이 아무 걱정 없이 잘 모실 거라 기대하나요?

들어본 적 있으세요? "자녀는 부모의 노후 보험이 아닙니다."라는 말. 전 제 아이들에게 크게 기대하지 않습니다. 아니, 기대고 싶지 않습니다. 자기들끼리라도 잘 살아주면 고마울 것 같습니다. 자기들도 힘들 거거든요.

지금 10,000원이라는 돈이 얼마나 크게 느껴지십니까?

아이들에겐 10,000원이란 돈이 결코 적은 돈이 아닙니다. 나이 들어 노년에는 1,000원짜리 한 장도 아쉬워지는 게, 그게 인생입니다.

노후 준비에 **연금보험**이 **딱!**인 이유

> **옛날로
> 돌아간다면**

옛날로 돌아갈 수 있다면 언제로 돌아가고 싶은가요? 왜 그러신가요?

  과거로 다시 돌아가게 된다면, 누구라도 지금보다는 나은 삶을 위해 애쓰게 될 것입니다. 하지만 과거로 돌아갈 수 있을까요? 안타깝게도 과거는 이미 죽은 시간입니다.
  이미 지나온 과거를 어떻게 할 수 없다는 건 불행한 일인지도 모릅니다. 하지만 미래는 우리 손으로 얼마든지 원하는 모양으로 만들어 갈 수 있습니다. 물론 미리 경험해 본다면 정말 후회 없는 삶을 만들어 갈 수 있겠지만, 누구도 그렇게 할 순 없습니다. 미래의 그 언젠가에 후회하는 일 없도록 지금부터 차근차근 준비하십시오. 어차피 우리 삶에 연습이란 없습니다.

1장 Why - 노후를 준비해야 하는 이유

연극이
끝나고 난 뒤

연극이나 뮤지컬을 보신 적 있으신가요?
우리의 인생도 한 편의 연극과 같다고 하죠.

공연이 끝나고 막을 내리면 연극은 끝이 납니다. 하지만 연극이 끝났다고 해서 배우들의 삶까지 끝나는 건 아닙니다. 배우들이 다음 무대를 위해 부지런히 움직여야 하듯이 우리의 노후도 마찬가지입니다.

언젠가 은퇴를 하면 쓸쓸히 막 뒤로 내려오겠지만, 그래도 우리 삶은 계속돼야 합니다.

직장이라는 연극 무대를 떠났다고 해서, 경제적인 능력을 잃었다고 해서 우리 인생이 끝나는 건 아니라는 것입니다.

노후에는 패자부활전이 허용되지 않습니다. 말 그대로 재기의 가능성이 없다는 것입니다. 철저히 계획하고, 어떻게든 준비해 나가야 합니다.

1장 Why - 노후를 준비해야 하는 이유

거울 속의 나

거울을 한 번씩 보시나요?
거울 속의 우리는 어떤가요?

노후 준비는 거울 속의 내가 아니라 옆집 할아버지를 보면서 시작한다고 합니다. 사실 옆집 할아버지가 아니라 우리 부모님들만 봐도 노후 준비의 필요성을 절실히 느끼게 됩니다. 그런데 누구나 자신은 안 늙을 것처럼, 거울에 비친 지금의 모습만 보며 착각에 빠지는 거죠.

몸이 병들고 아프면 억지로라도 병원에 갈 것입니다. 그런데 노후란 건 지금은 느낄 수 없고 눈에 보이지도 않으니, 준비한다는 게 어려울 수밖에 없습니다. 하지만 지금이 봄이라고 겨울이 오지 않을까요? 누구나 노후를 피할 순 없습니다.

당장의 고통 없는 노후

가장 무서운 병이 뭘까요?
암은 왜 무서운 병일까요?

암은 당장 고통이 없다가 어느 날 갑자기 자기의 존재를 알립니다. 아무런 증상도 없이 지내다가 자각하는 순간에는 이미 많이 진행되어 있다는 거죠. 그때부터 본인은 물론 가족까지도 감내하기 힘든 고통의 시간이 계속됩니다.

우리 노후도 마찬가집니다. 아무런 자각 없이 시간만 흘려보내다 보면, 어느 날 늙어버린 내 모습을 보게 됩니다. 돌이킬 수 없는 고통의 시간이 현실화하는 거죠.

"왜 그랬을까? 준비 좀 해둘걸…" 하고 후회해 봐도, 노후로 가는 길은 일방통행의 외길이라 돌이킬 수 없습니다.

암도 초기에 발견하면 큰 병이 아니듯이, 노후도 미리 준비하면 큰 문제가 아닙니다. 지금부터 현명한 자세로 차근차근 준비해 가십시오.

자동차에서 가장 중요한 건

자동차 좋아하시나요?
자동차에서 가장 중요한 건 뭘까요?

자동차는 수송을 위한 물건이죠. 그 대상이 사람이든, 물건이든 무언가를 옮기기 위한 물건입니다. 사람을 옮길 때는 멋진 디자인과 편안한 승차감이 요구될 거고, 물건을 수송할 땐 실을 수 있는 양과 옮길 수 있는 힘이 요구되겠죠.

많은 사람들이 차를 살 땐 디자인을 따지기도 하고, 몇 CC니 몇 마력이니 하면서 성능을 따지기도 합니다. 눈으로 보거나 몸으로 느끼는 걸 따지는 거죠.

하지만 세상의 그 어떤 차든 멈출 수 없다면 달려서는 안 됩니다. 멈추지 않고 달리기만 하는 차는 있지도 않고, 있어서도 안 됩니다. 지나가는 사람 다 잡습니다.

우리 삶도 마찬가집니다. 경제활동 자체를 좋아하고 아무리 열심히 하신대도, 멈춰야 하는 시간이 오게 되죠. 사람도 멈춰야 할 때 멈추지 않으면 다른 사람들이 다칩니다. 정치인이든 일반인이든 멈춰야 할 땐 멈춰야 하는 거죠.

자동차가 멈췄다가 달리고, 필요하면 또 멈추듯이, 경제활동을 멈췄다고 삶이 끝난 건 아닙니다. 멈추어 서는 순간엔 허탈하고 무얼 해야 할지도 모르겠지만, 새로운 삶을 살아야만 합니다.
노후에는 살기 위해 어쩔 수 없이 일해야만 하는 삶보다는 자아를 실현하며 여유를 즐기는 삶이 되길 바랍니다.

그러기 위해서 필요한 것이 멈춘 후의 삶을 위한 사전 준비입니다. 자, 이제 노후 준비를 시작하시죠.

노후 준비에 연금보험이 딱!인 이유

어느 쪽이
오래 살까요?

도시와 시골, 어느 쪽 사람들이 오래 살까요?
선진국과 후진국, 어느 나라 사람들이 오래 살까요?
부자가 오래 살까요, 가난한 사람이 오래 살까요?

시골로 갈수록 물 맑고 공기 좋고, 인심도 좋죠. 또 후진국일수록 삶에 대한 만족도가 높다고 합니다.
그런데 이상하게도 시골보단 도시 사람들이 오래 살고, 만족도 높은 후진국 사람들보다 스트레스 많이 받고 힘들다 힘들다 하는 선진국 사람들이 더 오래 산다고 합니다.
왜 그럴까요? 시골 사람들보다는 도시 사람들이, 후진국 사람들보다는 선진국 사람들이 더 노후에 대한 얘기를 많이 듣고 그만큼 더 많이 준비한다고 합니다. 사람들은 많이 보고 많이 듣는 만큼 더 준비를 하는 거죠.

부자와 가난한 사람의 수명은 비교할 필요조차 없겠죠?

보험가입자들의 평균수명만 비교해 봐도 확연한 차이가 납니다. 통계청에서는 우리 국민 전체의 평균수명을 발표하고, 보험개발원에서는 보험가입자들의 평균수명을 발표합니다. 이 둘을 보면 통계청의 국민생명표보다 보험개발원의 경험생명표가 2~3년 더 길게 나타납니다. 노후 20~30년에 2~3년이라면 10% 이상 차이가 난다는 거죠. 아무래도 준비 안 된 사람들보다는 준비된 사람들이 더 오래 산다는 것입니다.

우리에게 준비 안 된 노후는 축복이 아니라 재앙입니다. 미리 준비된 행복한 노후를 맞이하십시오.

노후 준비에 연금보험이 딱!인 이유

불행한 인생의
4대 유형

불행을 부르는 인생의 4대 유형이 있다고 합니다.
어떤 유형들일까요?

사람은 인생에서 네 가지를 가져야 한답니다. 그래서 그 네 가지를 못 가지면 불행하거나 불행해진다고 하죠.

첫째는 조실부모, 어려서는 부모가 있어야 하는데 부모가 없으면 당연히 불행해지는 거죠. 어려서는 잘났든 못났든 엄마, 아빠가 있어야만 합니다.

둘째는 청년성공, 젊어서는 실패도 경험해야 한답니다. 실패 없이 성공만 하는 젊은 시절은 돈에 대한 개념도 없이 제멋대로 살다가 불행으로 연결된다는 거죠.

셋째는 중년상처, 중년에는 꼭 배우자가 있어야 합니다. 아내 입장에선 든든한 남편이 있어야 하고, 남편 입장에서는 내 가정을 지켜줄 아내가 있어야 하는 거죠.

넷째는 노년무전, 늙어서 돈 없으면 종이를 줍든, 쫄쫄 굶든 정말 고생이거든요. 젊어서 고생은 사서도 한다지만, 늙어서의 고생은 단지 추한 모습일 뿐입니다.

인생에서 이 네 가지를 다 갖추고 살아간다면, 그 또한 성공한 인생이라 생각합니다.

노인 빈곤율

노인 빈곤율이란 말 들어 보셨나요?
우리나라 노인들의 빈곤율은 OECD 국가 중 몇 등쯤 될까요?

빈곤율이란 중간 정도 소득을 가진 사람과 비교했을 때 절반도 안 되는 소득자들의 비율을 말하는데, 우리나라 노인의 빈곤율이 49.6%로 OECD 평균인 12%보다 네 배 이상 높다고 합니다. 가난한 노인일수록 우울증 확률도 두 배 이상 높은데, 노인의 33%, 세 명 중 한 명의 노인이 우울증 증상을 가지고 있다고 하네요.

우울증 증상은 여성 노인에게서 더 많고, 연령대가 높아질수록, 혼자 살수록 높습니다. 소득이 상위 20%인 노인들은 우울증 증상이 19%, 하위 20% 노인 중에는 무려 절반이 우울증 증상을 갖고

1장 Why -노후를 준비해야 하는 이유

있습니다. 당연한 얘기지만, 가난할수록 더 우울한 거죠.

노인 빈곤율이 높다 보니 생계를 위해서 일해야만 하는 노인이 대부분이고요. 일하는 노인의 80%가 먹고살려고 생존을 위해 일하는데, 이 가운데 65%가 일하고 싶지 않다고 합니다.

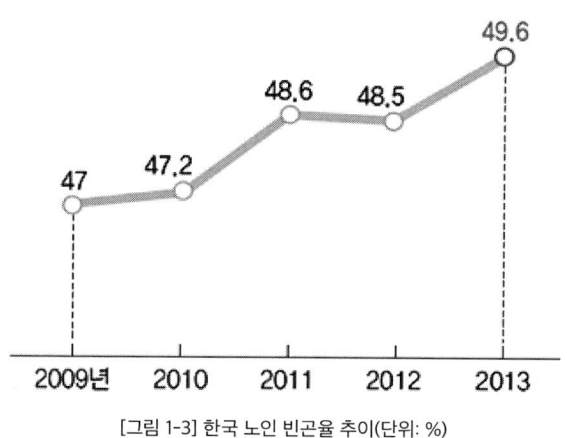

[그림 1-3] 한국 노인 빈곤율 추이(단위: %)

자료: 경제협력개발기구(OECD)

노인 빈곤율이랑 노인 우울증이 높다 보니, 노인 자살률도 높을 수밖에 없죠. 한국의 65세 이상 노인자살률이 10만 명당 82명으로 OECD 국가 중 자랑스럽지 않은 1위인데, OECD 평균보다 2.6

배가 높답니다. 준비 안 된 노후는 본인은 물론 남겨지는 가족들에게도 감당하기 힘든 고통이 되는 거죠.

믿을 건 자신뿐입니다. 노후에 가난으로 시달리지 않도록 지금부터 준비하십시오.

개미와 베짱이

개미와 베짱이 얘기 아시죠?
베짱이가 놀 때, 왜 개미는 그렇게 열심히 일했을까요?

그건 '언젠간 겨울이 온다.'는 사실을 알고 있었기 때문입니다. 그래서 지금 열심히 일해두면 겨울에 아무 생각 없이 편하게 즐기면서 쉴 수 있다는 걸 알았던 것입니다.

우리도 마찬가지입니다. '우리도 언젠간 늙는다.'는 사실을 알고 있다면 준비해야 합니다. 노후란 운 좋으면 피해갈 수 있는 확률 게임이 아닙니다. 우리가 인정하든 그렇지 않든 노후는 누구에게나 예약되어 있습니다. 마치 겨울이나 죽음처럼 말입니다.

인생이란 봄에 자라 여름을 뜨겁게 일하고 가을의 수확으로 겨울을 나는 사계절과 같습니다. 겨울을 위한 준비, 지금 당장 시작하십시오.

언젠가 노후라는 언덕에서 여유로운 미소를 짓게 되실 것입니다.

1장 Why -노후를 준비해야 하는 이유

> **성공한
> 인생**

인생에서의 성공이란 무엇일까요?
어떤 모습으로 성공 여부를 알 수 있을까요?

성공한 모습에는 여러 가지가 있을 것입니다.
전 단순히 남들이 모두 웃고 좋아할 때 혼자 울면서 태어나, 남들이 모두 울고 슬퍼할 때 혼자 웃으면서 떠나는 인생이면 성공했다 생각합니다.

만약 반대의 경우라면 얼마나 비참할까요?

출생은 이미 오래전의 얘기니 접어두고요. 언젠가 우리가 세상을 떠나는 날, 모두들 슬피 우는 가운데 혼자 웃으며 떠나려면 말년이 좋아야 됩니다. 여유롭고 평온한 말년이 그 사람의 떠나는 모습을 멋지게 만들어 주는 것입니다.

지금 열심히 잘 살아가는 모습이 노후에 여유롭고 평온한 모습으로 연결될 수 있도록 지금 시작하십시오.

미래의
인구 변화

젊은 인구가 갈수록 줄고 있다는 거 아시죠?
노인 인구가 갈수록 늘고 있다는 것도 아시죠?

우리나라가 고령화 사회라는 애기 들어본 적 있으신가요? 고령화 사회란 인구의 7% 이상이 65세 이상 노인인 사회를 말하는데, 우린 이미 2000년에 고령화 사회가 되었습니다.

2017년엔 인구 7명당 1명, 14% 이상이 65세 이상 노인으로 고령 사회가 됩니다. 2026년엔 인구 5명당 1명, 20% 이상이 노인 인구인 초고령 사회가 되고요.

• 노후 준비에 연금보험이 딱!인 이유

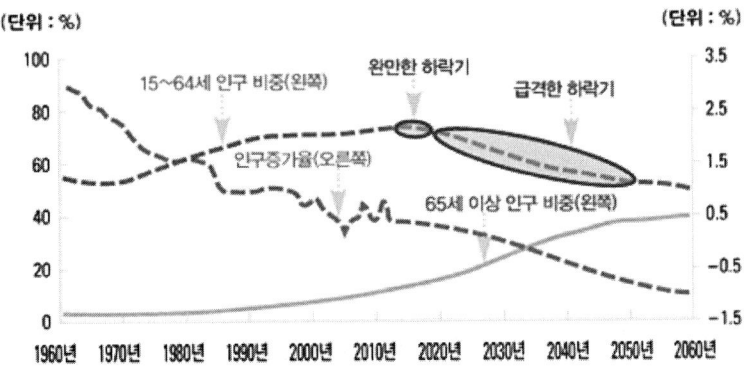

[그림 1-4] 한국의 인구 구조 변화 추이

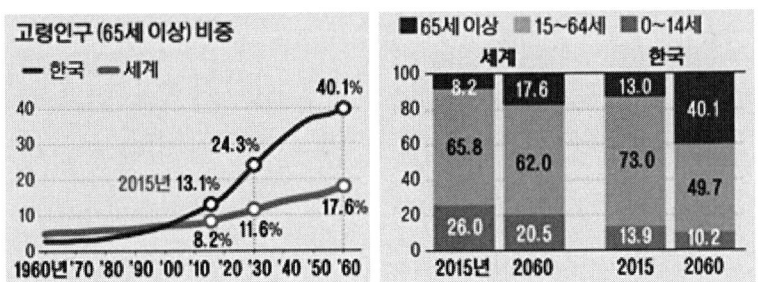

[그림 1-5] 인구 고령화 전망   [그림 1-6] 인구 구조 변화 (단위: %)

자료: 통계청

일본이 고령화 사회에서 초고령 사회가 되는 데 36년이 걸렸는데, 우린 26년으로 세계 신기록을 세우게 되는 거죠. 우리가 한참 노인 생활을 할 2060년엔 노인 인구가 40%를 넘을 거라 합니다.

15세부터 64세까지를 경제활동가능인구라 하는데, 그때면 경제활동가능인구와 노인 인구의 비율이 5대 4 정도가 됩니다. 한 명의 젊은이가 한 명의 노인을 먹여 살리는 꼴이죠.

그런데 경제활동가능인구라는 15세부터 64세까지의 모두가 경제활동을 할까요? 고등학생, 대학생, 군인, 전업주부, 조기퇴직자, 파트타이머, 백수들을 다 빼면 절반 정도 될 것입니다. 정상적인 경제활동을 하는 사람 한 명이 두 명의 노인을 부양하게 되는 거죠.

왜 노후를 준비해야 하는지 아시겠죠? 미뤄서 얻을 건 짧아지는 준비 시간으로 커지는 부담뿐입니다. 자, 이제 준비하시죠.

노후 준비에 **연금보험**이 **딱!**인 이유

개구리
이야기

아는 것이 힘일까요?

'아는 것'과 '하는 것'은 천지 차이입니다. 아무리 잘 알고 있더라도 행하지 않는다면 아무 의미가 없습니다.

호아킴 데 포사다의 『마시멜로 이야기』에서 개구리 세 마리의 얘기가 나옵니다.

햇살 뜨거운 어느 여름날 오후, 개구리 세 마리가 나뭇잎에 올라탄 채 유유히 강물에 떠내려가고 있었습니다. 나뭇잎이 강의 중간쯤에 이르렀을 때 그중 한 마리가 갑자기 벌떡 일어나 결심했다는 듯 단호하게 외칩니다.

"너무 더워. 난 물속으로 뛰어들 테야!"

다른 개구리들은 묵묵히 고개를 끄덕이죠.

자, 이제 나뭇잎에는 몇 마리의 개구리가 남았을까요?
"두 마리요!"
대부분 자신 있는 목소리로 이렇게 대답한답니다.

하지만 나뭇잎 위에는 여전히 세 마리의 개구리가 남아 있죠. 어째서 그럴까요? 뛰어들겠다는 '결심'과 정말 뛰어드는 '실천'은 전혀 다른 차원의 문제이기 때문입니다.

굳은 결심과 의지, 아무리 훌륭한 아이디어도 때론 아무것도 아닙니다. 행동하지 않으면 미래도 변하지 않습니다.

당신은 꿈을 가졌는가?
그리고 그 꿈을 이루고 싶은가?
당신의 꿈이 소중하다면
소중한 만큼 대가를 지불하라.

세상에 공짜는 없다.
당신이 가진 모든 역량을 동원하여,
당신 자신을 온전히 내던질 때
당신의 꿈을 이룰 수 있다.

2장

How

노후를 준비하는 방법

미래를 위해

갑자기 떠오른 질문 하나
난, 지금 내 모습에 만족하는가?

과거의 난,
지금의 나를 위해 얼마나 애써 왔던가?
지금의 난,
미래의 나를 위해 얼마나 애쓰고 있는가?

세월이 흘러 먼 훗날에
또 이 질문을 받는다면…?

이미 지난 과거를
어떻게 할 수 없다는 건 불행이지만
우리의 손에 다양한 미래가
준비되어 있다는 건 행복한 얘기다.

우린, 지금 무얼 준비하고 있나요?

어떻게
준비해야 하나?

『마시멜로 이야기』 아시죠?

만 4세의 아이들에게 마시멜로를 주고, 15분 동안 먹지 않고 참으면 1개를 더 주기로 하고 자리를 비웁니다. 아이들은 먹는 걸 참을까요, 아니면 그냥 먹을까요?

대부분의 아이들은 참질 못하고 그냥 먹어버렸답니다. 시험 대상이었던 아이들의 이후 10년 성장 과정을 보면, 15분을 참았던 아이들은 그렇지 못한 아이들보다 학업 성적, 친구들과의 관계, 스트레스 관리 등 모든 면에서 뛰어나다는 사실이 확인되었죠.

어른들은 다를까요? 어른들에게도 같은 종류의 시험을 한다면 어떨까요?

노후 준비에 연금보험이 딱!인 이유

1992년에 미국 국방부에서 6만 5,000명을 감원하는 구조조정이 있었습니다. 이때 구조조정 대상자들에게 연금과 일시금 가운데 하나를 선택하도록 했죠. 결과가 어땠을까요?

감원 대상 사병의 대부분인 92%가 일시금을 선택했고, 장교들도 사병들보다는 적지만 52%가 일시금을 선택했다고 합니다. 이들에게 10년이 지난 후 물어보니, 거의 모두가 후회를 했다고 합니다. 안타깝지만 어른도 애들과 다를 바가 없는 거죠.

눈앞의 현실만 중요하게 여기는 게 인간의 속성이라고 합니다.
김난도 서울대학교 교수는 "인생을 성공하는 비결은 단 한 가지, 현재의 쾌락을 미래로 지연시키는 능력이다."라고 했죠.

그렇다고 무작정 참고 기다리는 것은 멍청한 짓입니다. 내일의 성공은 오늘 무엇을 하느냐에 따라 결정된다고 합니다. 오늘부터 현명한 준비를 해 가시죠.

연금의
뉴턴 법칙

뉴턴의 운동법칙을 아시나요?
뉴턴의 운동법칙을 노후 준비에도 비유할 수 있습니다.

뉴턴의 제1법칙은 관성의 법칙입니다.

외부로부터 힘이 작용하지 않는 한, 정지해 있던 물체는 계속 정지해 있고 움직이던 물체는 계속 움직이려 하는 성질입니다. 미래에 대한 준비도 이와 같습니다. 준비하는 사람은 계속 준비에 준비를 더해 가고, 준비 없이 사는 사람은 아무 대책 없이 그냥 그대로 살아가거든요. 특히나 노후처럼 먼 훗날로 생각되는 준비는 더 그런 경향이 있죠. 지금은 부담이 되더라도 일단 시작만 하신다면 관성의 법칙으로 주욱 나아가게 될 것입니다. 이번 기회에 시작하십시오.

뉴턴의 제2법칙은 가속도의 법칙입니다.

자전거의 페달을 밟으면 자전거는 움직이기 시작하고, 페달을 더 세게 밟으면 자전거는 더 빠르게 움직입니다. 장애물을 만나 브레이크를 밟으면 멈추게 되겠죠. 그런데 같은 크기의 힘이 작용하더라도 무게에 따라 가속도는 달라집니다. 같은 힘으로 무거운 볼링공과 가벼운 탁구공을 각각 밀어 보면, 어느 공이 더 쉽게 움직일까요? 또 두 공이 같은 속력으로 굴러가고 있을 때 어느 공이 더 쉽게 멈출까요?

탁구공이 쉽게 움직이고 쉽게 멈추겠죠. 볼링공처럼 무게가 무거울수록 속력을 변화시키기 어렵기 때문입니다. 눈사람 만들어 보셨죠? 작은 눈덩이는 굴려도 눈이 잘 불어나지 않지만, 눈덩이가 커질수록, 굴리면 굴릴수록 쉽게 커져 갑니다. 비록 적은 금액으로라도 지금 당장 시작해서 빨리 그 크기를 키워 나가십시오. 그렇게 한다면 원하시는 만큼 커지게 될 것입니다. 마치 "네 시작은 미약하였으나 나중은 심히 창대하리라."라는 성경 말씀처럼요.

뉴턴의 제3법칙은 작용-반작용의 법칙입니다.

한 물체가 다른 물체에 힘을 작용하면, 상대되는 물체도 힘을 작용한 물체에 대해서 크기가 같고 방향이 반대인 힘을 작용하게 됩니다. 즉, 외부로부터 힘이 작용하면 같은 크기의 힘이 반작용하게 된다는 거죠. 우리가 무얼 하든 새로운 시작에는 저항이 따릅니다. 저축에는 저축에 반하는 저항, 노후 준비에도 또 그에 반하는 저항이 생겨납니다.

다른 데 돈 쓸 일도 많은데, 꼭 지금부터 준비해야 하는 건가 하는 저항들…. 이때 명심하셔야 할 한 가지는 경제적 안정이란 결코 거저 마련되는 것이 아니라 그것을 실천하는 결단과 희생을 요구한다는 것입니다.

미래를 선택할 순 없지만, 미래를 준비할 순 있습니다. 미래란 다가오는 것이 아니라 만들어 가야 하는 것입니다.

성경이 들려주는 미래 준비

성경에도 미래 준비에 대한 얘기가 나온다는 사실, 아시나요?

이집트의 파라오가 어느 날 잠을 자다가 꿈을 꾸었는데, 살찐 암소 일곱 마리가 강가에서 올라와 갈대를 뜯어 먹고 있었습니다. 뒤이어 흉측하게 말라 비틀어진 소 일곱 마리가 올라와서는 살찐 소들을 잡아먹었습니다. 파라오는 깜짝 놀라 깨어났답니다.

파라오가 다시 잠이 들어 또 꿈을 꾸는데, 이번에는 잘 익은 일곱 이삭이 나오더니, 뒤이어 가늘고 마른 일곱 이삭이 나와서는 소 꿈과 같이 잘 익은 이삭을 삼켜버리는 게 아니겠어요.

해괴한 꿈을 꾼 파라오는 모든 현자들을 불러 모아 이 꿈을 해몽하게 했으나, 할 줄 아는 사람이 없어 감옥에 있던 요셉을 불러 해몽하게 합니다.

요셉이 말하길 "일곱 좋은 암소는 일곱 해요, 일곱 좋은 이삭도 일곱 해니 앞으로 7년 동안은 풍년이 될 것입니다. 그 후에 올라온 파리하고 흉한 일곱 소는 일곱 해요, 동풍에 말라 속이 빈 일곱 이삭도 일곱 해니 그 뒤로 7년간은 흉년이 되어, 이 땅이 그 기근으로 망한다는 뜻입니다. 명철하고 지혜 있는 사람에게 이집트 땅을 다스리게 하여 7년의 풍년 동안 7년의 흉년을 준비해 둔다면 이 땅이 망하지 아니할 것입니다."라고 해몽을 해 줍니다.

이에 파라오는 요셉을 총리로 임명하여, 7년의 풍년 뒤에 7년의 흉년 동안 이집트가 망하는 걸 막아내죠.

어떠십니까? 우리의 미래 준비도 이와 같습니다. 누구나 항상 좋을 수는 없죠. 능력이 될 때, 좀 더 아끼고 모아 미래를 만들어 가야 합니다.

세상의
세 가지 금

세상엔 세 가지의 금이 있다고 합니다.
무엇을 말하는 걸까요?

우선 경제의 금이 있습니다. 황금이라고 하죠.
다음으로 음식의 금, 소금이 있고요.
마지막으로 시간에도 금이 있다고 합니다.
시간의 금은 '지금'입니다. 영어 단어인 present는 지금, 현재라는 뜻과 함께 선물이라는 뜻을 갖고 있죠.

우리는 금과 같은 지금이라는 시간을 쓰고 있습니다. 때론 경제적이고 유익한 일로, 때론 불필요하고 무익한 일로. 살아가면서 계속 경제적이고 유익한 일을 해 나간다는 게 쉽지는 않을 것입니다.

금과 같이 소중한 시간 '지금', 지금 드리는 말씀을 잘 받아들인다면, 지금 잠시의 시간으로 계속적인 노력 없이도 경제적이고 유익한 일이 지속될 것입니다. 이 시간 이후 별도로 신경 써서 뭔가를 하지 않아도 말입니다.

미래를 위해 그 무엇보다도 경제적이고 유익한 일, 지금부터 시작하십시오.

돈에 붙이는 이름

어느 날, 부모님께서 500만 원만 빌려달라고 하신다면 어떻게 하시겠습니까?
그 돈이 있기만 하다면 그냥 달라고 하셔도 드릴 것입니다. 부모님이니까요.

그런데 그 돈이 자녀의 대학 등록금이라면?
그땐 어떻게 하실까요?

아마도 최소한 어디에 쓰실 건지 여쭤보고, 생각을 하게 될 것입니다. 정말 필요하신 돈인가, 아닌가?

모든 돈에 이름을 붙여서, 그 이름에 걸맞게 쓰십시오. 최소한 그 돈이 허투루 쓰이는 일은 없을 것입니다. 그렇게 하셔야만 돈도 모으고, 여유롭고 안락한 미래도 준비할 수 있습니다.

새어나가는 돈만 잘 관리해도 우리가 생각하는 이상의 많은 것들을 준비할 수 있습니다.

노후 준비에 연금보험이 딱!인 이유

지금은
여유가 안 된다?

마라톤 세계 1등이 누군지 아시나요?
그 선수와 42.195km 경주를 한다면, 이길 수 있으신가요?

누가 믿을지는 몰라도 전 이길 수 있습니다.
별거 없습니다. 그냥 목적지에 먼저 가 있으면 됩니다.
제가 그 선수보다 빨라서가 아니라, 먼저 출발해서 확실히 이길 만큼 먼저 가 있으면 되는 것입니다.

반칙 아니냐고요? 사실 반칙입니다. 정해진 룰을 어겼으니.
그런데 미래를 준비하는 데 있어서 정해진 룰이란 걸 들어본 적 있으신가요? 결혼을 해야, 자녀가 생겨야만 노후 준비를 시작할 수 있다?

아직 그런 룰 들어본 적이 없습니다.

지금 여유가 없으시다면 오히려 더 빨리, 당장 준비를 시작하십시오. 내가 남보다 빠르지 못하다면 지지 않을 유일한 방법은 남보다 먼저 출발하는 것뿐입니다. 여유가 되는 사람은 그 출발이 조금 늦어도 충분히 따라잡을 수 있지만, 여유가 없다면 지금 당장 시작하셔야만 합니다.

인생이라는 경주에서 우리의 능력이 월등하지 않다면, 먼저 출발해야만 이길 수 있습니다.

주위 사람들과 노후에 대해 얘기해 보셨습니까? 아마도 연금보험 하나 이상은 다들 준비했을 것입니다. 요즘은 20대 젊은이도 미리미리 준비하는 시대거든요.

마르지 않는 우물

투자를 하신다면…, 수익이 많이 나면 좋으시겠죠? 노후를 준비하실 때도…, 수익만 많이 난다면 아무 상품이나 괜찮을까요?

연금은 단순히 수익의 문제가 아닙니다. 내가 죽을 때까지 매달 월급을 받는다는 것, 그것이 연금의 최대 메리트입니다. 언제 마를지도 모를 목돈을 부여잡고 '아껴서 잘 써야 하는데…' 하며 불안해하지 마시고, 지금부터라도 연금으로 준비하십시오.

혹시 시한부 인생을 좋아하는 건 아니시죠?
시한부 인생처럼 끝을 정해 놓고 살려 애쓰지 말고, 죽는 날까지 쓰는 만큼 쓰다가 편하게 가십시오.

물탱크에 물 많이 모아 놨다고 물 걱정 없는 건 아닐 것입니다. 스스로를 위해 평생 마르지 않는 우물을 준비해 두십시오.

노후 준비에 연금보험이 딱!인 이유

늙어서도
일을 가지십시오

언제 은퇴하실 생각인가요?
은퇴 후에는 뒷방 노인으로 지내실 건가요?

　몇 년 전 신문에 나온 얘긴데, 전직 교장 선생님이 정년퇴직 후 일할 체력이 남았고 정신도 또렷한데 쉬고 있을 수는 없다고, 자신에게도 좋고 사회에 기여도 될 것 같아 남이섬의 청소부를 하신답니다.
　그분께서 처음 청소부 일을 한다고 했을 때, 알고 지내던 동료들이 "돈에 환장했느냐?", "교장 체면 망가트린다."는 말까지 했죠. 이제는 너무 행복하고 즐겁게 일하시는 모습에 다들 부러워한답니다.

　어떠십니까? 멋지지 않습니까? 감히 말씀드리는데, 은퇴 후에 은퇴 전 사회적 지위에 얽매이지 마시고, 그 무엇이든 경제활동을 하십시오. 일 없이 빈둥대면 빨리 늙기만 할 뿐, 도움이 될 일 하나도 없습니다. 또 일 없는 사람이 돈 쓸 일도 더 많아지는 법입니다.

그리고 경제능력이 되는 한 연금 수령은 뒤로 미루십시오. 뒤로 미루는 만큼 더 많은 연금을 받을 수 있습니다. 한 조사에 의하면 60이 넘은 분들도 노후 준비를 한다고 합니다.

대신 언제든 필요한 시기에 연금을 받을 수 있도록 연금을 빨리 당기거나 미룰 수 있는, 유연성이 뛰어난 상품으로 준비해 두시면 됩니다.

가능하다면 처음부터 멀리 보시고 길게 납입하는 상품으로 준비하십시오. 짧게 납입하고 미루는 것보다는 길게 납입했다가 당겨 쓰는 방법이 더 현명할 것입니다.

노후 준비에 **연금보험**이 **딱!**인 이유

수명은
길어질까, 짧아질까?

앞으로의 수명이 어떻게 될까요?
길어질까요? 짧아질까요?
길어진다면 얼마큼이나 길어질까요?

내일 비가 올까요?
기상청에서 내일 강수확률이 몇 %라고 예보하죠. 그건 안 올 확률도 얼마든지 있다는 거죠. 100% 확신은 아니라는 것입니다.

지금이 가을이라면 두 달 후에는 겨울일까요, 아닐까요?
당장 내일의 날씨는 확신할 수 없지만, 몇 달 뒤에 겨울이 올 거다, 또 그 뒤엔 봄이 올 거다 정도는 누구나 확신을 합니다.

세상의 무엇이든 길게 보고 크게 보면 뚜렷하게 보이게 됩니다.

우리의 수명도 마찬가집니다. 한 명 한 명을 놓고 보면 길게 살지 짧게 살지 알 수 없지만, 전체를 놓고 보면 수명은 길어져 왔고 또 계속 길어지게 될 것입니다.

연금상품의 최대 메리트는 수익을 크게 해서 내 돈을 불려 주는 것이 아니라, 내 노후의 수명을 지금의 경험생명표로 미리 산다는 것입니다. 20~30년 후에 불리해진 생명표가 아닌 지금의 생명표로 약속이 맺어지는 것입니다. 현재의 경험생명표를 구매하시게 되는 거죠.

단기상품을 즐기시는 분들

보험처럼 기간이 긴 투자를 싫어하시죠?
그렇다면 자녀에게도 단기간의 관점으로 투자하시나요?

회사에서 연말 성과급을 받는 사람들에게 이제껏 받은 연말 성과급을 어디에 썼는지 물어보면 다들 모릅니다. 그나마 아는 분들도 1~2년 전에 차, 에어컨, 텔레비전 바꿨다 하고요. 3년 이상 지난 연말 성과급은 어디에 썼는지조차 모르죠. 왜 그럴까요?

꼭 안 써도 될 데에 써버렸다는 얘기가 아닐까요?

보험은 장기라서 싫다고 말하는 분들을 보면, 멀리 내다보는 데 대해 두려움을 가진 경우가 많더군요. 그렇게 긴 시간을 납입할 수 있을까, 설마 어떻게 되겠지, 하면서요.

자녀들은 어떤가요? 초등학교부터 대학교까지만 16년입니다. 유치원이랑 대학원까지 생각하면 20년이 넘죠. 애들한테 그 긴 시간을 공부할 수 있을까, 설마 어떻게 되겠지 하시나요?

자녀들에게 투자할 때 단기간을 보고 투자하는 부모는 없을 것입니다. 누구나 장기적인 관점에서 자녀를 키웁니다. 아이들이 커서 성인이 되고 사회에 진출하면 어떨까? 얼마나 사회에 보탬이 되고, 독립된 성인으로서 잘 살아갈까?

우리의 노후도 마찬가지입니다. 어쩌면 아이들 키우는 것보다도 더 장기적인 투자입니다. 얼마나 멀리 보고 어떻게 준비하느냐가 핵심입니다.

단기상품을 너무 즐기지 마십시오. 단기상품을 즐기는 분들을 보면 참 열심히 모으는데…, 그 돈들이 다 어디 갔는지를 모릅니다. 목적 없이 떠도는 단기자금은 말없이 사라져 갈 뿐입니다. 저축이든, 투자든 그 모두에 이름을 붙이고 목적에 맞춰 준비해 가십시오.

노후 준비에 **연금보험**이 딱!인 이유

인생은
고도리판

혹시 고스톱 하시나요?
훌라도 한 번씩 하시나요?

 고스톱이든 훌라든 심하면 도박이 되겠지만, 지인들과 한 번씩 가볍게 즐긴다면 꼭 나쁜 건 아니라고 봅니다. 어쨌든 노름은 노름이겠지만요.

 우리 인생도 노름판과 같다고 생각합니다. 한창 게임 중에 얼마 땄네, 얼마 잃었네. 그게 무슨 의미가 있을까요?
 노름판의 승패는 중간 스코어에서 결정되는 것이 아니라 마지막에 신발을 신을 때 결정되는 것입니다. 신발 신을 때 딴 사람은 딴 거고, 잃은 사람은 잃은 거죠.

우리 인생도 마찬가지입니다. 인생 자체는 죽는 그 날에야 승패를 알 수 있고, 지금 이렇게 열심히 일하는 젊은 날의 승패는 일에서 은퇴할 때, 그때 알 수 있는 것입니다.

이기고 싶으신가요? 그럼 이길 수 있는 방법과 그 길을 안내할 수 있는 사람을 고용하십시오.

불안이냐, 불편이냐?

불안과 불편의 차이가 뭘까요?
둘 중 하나를 선택해야 한다면 무엇을 감수하시겠습니까?
불안한 삶이 나을까요, 불편한 삶이 나을까요?

단순히 말하자면 불안은 안전의 문제이고, 불편은 편리함의 문제입니다. 거주지를 선택할 때, 편하기만 하다면 강력범죄가 빈번한 지역이라도 상관이 없으신가요? 아니면 불편하더라도 안전한 곳을 택하실까요?

사람들은 간혹 불편해서 못 살겠다고 말합니다. 하지만 편리함의 문제로 죽는 사람은 없습니다. 그럼 불안해서 못 살겠다는 사람들도 안전 문제로 죽는 경우가 없을까요? 불안이란 안전의 문제이고, 안전에 문제가 있으면 다치거나 죽는 경우도 생겨나겠죠.

우리는 늘 미래를 불안해합니다. 돈 걱정 없는 노후와 돈 자체가 없는 노후는 하늘과 땅 차이입니다. 게다가 노후에 병까지 생긴다면 나뿐만 아니라 가족들에게까지 심각한 문제가 생기게 됩니다.

노후 준비에는 돈이 필요합니다. 여러모로 불편할 수 있습니다. 하지만 불안을 없애는 최고의 방법은 불편을 감수하는 것입니다. 가족들과 살 집은 불편하더라도 안전한 곳으로 선택하는 것과 마찬가지입니다.

조금 불편하더라도 안전한 길로 가시죠.

끈기와 노력

노후 준비를 위해 제일 먼저 해야 할 일이 뭘까요?
행동이 먼저일까요, 계획이 먼저일까요?

노후 설계에서 가장 중요한 것은 내가 가고자 하는 목표를 먼저 세우는 일입니다. 그 목표하에 냉철하게 계획을 세우고, 어떻게든 실천해 가는 끈기와 노력이 필요한 것입니다.

다음으로, 현재를 희생하는 마음을 가지셔야 합니다.
투자란 미래를 위해 현재의 소비를 희생하는 것입니다. 돈이 없을 땐 시간을 투자해서 몸으로 돈을 버는 거고요. 돈이 있으면 돈을 잘 운용해서 또 돈을 버는 거죠.

세상에 돈 쓸 줄 모르고, 돈 쓰기 싫어하는 사람은 없습니다. 당장의 욕구를 절제하는 인내심이 있어야 저축도 하고 노후도 준비할 수 있습니다.

끈기와 노력이 반드시 필요하다는 것입니다.

중요한 건
속도가 아니라 방향

속도가 중요할까요, 방향이 중요할까요?

대구에서 서울로 가야 하는데 부산으로 신나게 달리고 있다면? 방향이 잘못되었다면, 빨리 가면 빨리 가는 만큼 잘못된 길로 멀리 가게 됩니다. 속도보다는 방향이 먼저라는 거죠. 우선 정확한 방향을 잡으시고, 그다음 가능하다면 빠른 속도로 나아가십시오.

노후자금을 준비할 때 가장 중요한 방향은 노후자금을 노후자금으로 목적에 맞게 준비하는 것입니다.

철저하게 노후자금을 위한 상품이 연금이라는 건 잘 알고 계시죠? 연금상품은 노후의 동반자입니다. 장수의 위험에 대해서는 연금보험만큼 좋은 상품이 없다는 얘깁니다.

괜히 현금 목돈이나 부동산, 펀드 같은 걸 들고 70이 넘어서까지 팔아야 되나 말아야 되나, 어디에 투자할까, 손해 보지나 않을까 고민하지 마십시오. 나이 들면 판단력도 흐려지거든요.

그냥 통장에 입금되는 대로 편하게 받아서 쓰십시오. 지금 가입하는 연금보험이 생이 다하는 그 날까지 지켜드릴 것입니다.

돈보다는 핏줄

돈이 중요합니까, 가족이 중요합니까?
노후의 최대 적이 자녀라는 얘기 들어보셨나요?

자녀가 노후 생활의 최대 적이라고들 얘기하죠. 주위의 많은 분들이 평생 준비한 노후자금을 자녀들 때문에 허망하게 날리기도 합니다.

돈이란 핏줄이나 인연, 인정을 따라 떠나기도 하거든요. 내가 먹고 살아야 할 노후자금인데, 자녀들이 찾아와서 사업 망하게 생겼다고 하거나 집 사야 된다고 하면서 돈 좀 보태달라면 어떻게 하실 겁니까? 나이 들어갈수록 판단력은 흐려지는데…, 안 주려면 핑계를 만들려고 머리도 아프고…, 정말 곤혹스러울 것입니다. 주위를 보면 자녀에게 돈 보태주고도 오히려 원수처럼 살아가는 경우도 많습니다.

물론 돈이 내 자녀보다 소중하진 않겠죠. 하지만 자녀가 내 노후를 지켜줄 수도 없습니다. 일반적인 재산들과 달리 연금보험은 지급이 개시되는 순간부터 누구에게 줄 수도 없고, 누군가가 뺏을 수도 없는 나만의 것으로 자리하게 됩니다.

자녀에게 핑계 만들어 가면서 안 주려고 애쓸 필요도 없는 거죠. "매월 나오는 연금이라서 어쩔 수가 없다."라는 말이면 충분합니다.

노후 준비에 연금보험이 딱!인 이유

> **예약된
> 노인**

진정한 친구란 어떤 친구일까요?
좋을 때만 함께하는 친구가 좋은 친구일까요?

어려울 때 함께하는 친구가 진정한 친구라고 합니다. 살아가면서 어려울 때란 언제일까요? 아마도 크게 아프거나, 늙어서 경제능력을 잃었을 때, 그때가 힘들고 어려운 때겠죠.

일하는 시절의 만 원과 은퇴 후의 만 원은 그 의미가 다릅니다. 경제능력이 될 때의 만 원은 단지 아쉬움의 문제일 뿐이지만, 노후의 만 원은 고통의 크기로 다가올 것입니다

연금은 우리의 노년에 거의 유일한 진짜 친구가 되어, 우리의 노후를 지켜줄 상품입니다. 억지로라도 지금 가입하시고, 얼굴 익히

고 정 붙이며 살아가십시오.

어차피 우리 모두 예약된 노인이지 않습니까? 노후를 위해 지금부터 연금을 준비하십시오.

노후 준비에 **연금보험**이 **딱!**인 이유

돈에 달린
눈

언제 연금보험에 가입하는 게 좋을까요?
언제쯤 연금보험에 가입할 능력이 될까요?

언제 연금보험에 가입하는 게 좋은지를 묻는 분들이 있으신데, 최대한 빨리, 아니 지금 당장 가입하는 게 무조건 현명한 선택입니다. 은퇴를 위한 투자는 쓰고 남은 돈으로 하는 게 아닙니다.

노후자금은 선택의 문제가 아니고 생존의 문제입니다. 좋고 싫고를 떠나 반드시 있어야 할 필수품인 거죠.
대부분의 사람들은 "조금만 더 형편이 좋아지면 연금보험에 가입해야지…"라고 생각하지만, 세상에 여유가 돼서 노후를 준비하는 사람은 없습니다.

쓰고 남은 돈으로 저축하겠다는 생각은 저축을 안 하겠다는 생각이랑 다를 바 없습니다. 돈에는 눈과 발이 달려 있어서 쓰일 데를 찾아 스스로 사라져 버린다고 하죠.

형편이 나아지면 나아지는 만큼 어차피 그 돈은 또 쓰일 데가 생길 거고, 그러다 보면 아무 생각 없이 늙어버린 자신의 모습을 보게 될 것입니다.

현재를 누리면서 노후를 준비할 수 있는 사람은 어느 나라든 10%가 안 된다고 합니다. 당연히 자기희생이 있어야만 합니다.

연금보험이란 울타리로 돈을 가두어 키우십시오. 노후연금은 단지 지갑 속 몇 장의 지폐가 아니라 핏줄이요, 생명줄입니다.

늦었다고
생각되신다면

노후 준비가 잘 되어 있다고 생각하시나요?
노후 준비에 좀 늦었다는 생각이 드시나요?

아직은 빠르다고 생각하십니까?
그렇다면 지금 당장 시작하십시오. 남보다 빨리 시작하는 만큼 남보다 더 많이, 더 여유롭게 준비하시게 될 것입니다.

지금 늦었다고 생각하십니까?
그렇다면 더 늦기 전에 지금 당장 시작하십시오. 늦었다고 포기하기엔 우리의 노후가 너무 깁니다.

요즘 연금보험 가입자들을 보면 참 묘하다는 생각이 많이 듭니다. 어떻게 된 게 진짜로 연금을 준비해야 하는 30, 40대 사람들보다 갓 직장생활을 시작한 20대 사람들이 더 빨리 연금을 준비하고, 더 적극적으로 노후를 준비해 가는 게 현실입니다.

대학생을 대상으로 한 설문조사에서도 92.7%의 대학생이 취업과 동시에 아니면, 결혼과 동시에 노후를 준비해야 한다고 대답했답니다.

어차피 우리에게 지금보다 이른 시간은 없습니다. 지금 당장 시작하십시오.

노후 준비에 **연금보험**이 딱!인 이유

> ## 자녀를
> ## 위해서

아들, 딸 결혼시키는 데도 연금이 필수라고 합니다.

 과거에 맞선을 볼 때 필요한 건 건강진단서 하나였지만, 요즘은 한 가지를 더 요구한답니다. 상대편 부모님의 노후 준비 상황을 점검한다는 거죠.
 요즘 가장 인기 있는 시부모나 장인, 장모는 공무원으로 정년퇴직해서 빵빵하게 연금 받는 분들이라고 합니다.

 부모의 노후 준비가 중요해진 이유는 자기들도 힘든데 부모들까지 책임질 순 없다는 것입니다. 세태를 탓할 게 아니라 많은 걸 생각하고 준비하는 마음을 가져야 합니다. 사실 자녀들도 먹고살기 힘들 것입니다. 그런데 부모들 노후까지 챙겨야 한다면, 한마디로 답이 안 나오는 거죠.

내 자녀 시집, 장가보내기 위해서라도 연금을 준비해야 합니다. 늙어서 자녀들에게 걸림돌이 아니라 든든한 힘이 될 노후를 준비하십시오.

노후 준비에 **연금보험**이 딱!인 이유

시간과의
싸움

좋은 연금이란 어떤 연금일까요?
연금을 어떻게 준비해야 할까요?

좋은 연금은 오늘 가입하는 연금이 아니라, 이미 가입해 둔 연금입니다. 마찬가지로 내일 가입하는 연금보다는 오늘 가입하는 연금이 더 좋다고 생각하면 됩니다.

하지만 여기서 한 가지 고민해야 할 게 있습니다. 방향이 맞느냐는 거죠. 혹시나 잘못된 방향이라면 바꾸셔야 합니다. 잘못된 방향으로는 가면 갈수록 손해일 뿐입니다. 그것만큼은 꼭 짚어 보십시오.

연금을 어떻게 준비해야 하느냐? 그냥 지금 당장 가입하십시오. 빠르게 가입하는 것이 가장 좋은 방법입니다.

연금은 시간과 벌이는 싸움입니다. 이 싸움에서 이기느냐, 지느냐는 언제부터 시작하느냐에 달려있습니다. 하루라도 빨리 시작하면 이길 확률이 훨씬 높아집니다.

은퇴 시기는 짧아지고 노후는 길어졌습니다. 은퇴 후에 적어도 30년은 더 살아야 합니다. 젊어서 이 30년을 준비해 놓지 않으면 우리 인생에 행복이란 없습니다. 우리는 물론 우리의 가족, 자녀들까지 다 불행의 길에 놓일 뿐입니다.

노후 준비에 연금보험이 딱!인 이유

하루살이 인생

우리나라는 월급제가 일반적이죠.
일당 받고 사는 사람들은 어떤 사람들일까요?
혹시 일당 받고 살아가는 사람들이 부러우신가요?

일당을 받고 사노라면 대부분 하루살이형 인간이 되어버릴 것입니다. 후진국으로 갈수록 하루하루 겨우 살아가는 하루살이형 노년을 살고, 선진국으로 갈수록 여유로운 모습으로 노후를 즐기며 살아간다고 합니다. 왜 이런 현상이 생길까요?

사회복지 때문일까요? 아닙니다. 선진국일수록 스스로 준비된 노후를 맞이한다는 거죠.

첫째, 선진국 국민들은 젊을 때부터 노후 준비를 서두른다고 합니다. 국민연금 등 사회보장제도에만 노후를 의지해서는 안 된다는 사실을 앞선 세대를 보고 이미 배웠다는 거죠.

둘째, 장기적 관점에서 투자 전략을 세우고, 상황 변화에 따라 조금씩 조정, 관리해 나간다고 합니다. 주식 투자도 적립형 방식으로 위험을 줄이고 안정적인 수익을 도모해 나갑니다.

셋째, 노후 준비의 기본은 연금으로 한다는 사실입니다. 미리부터 노후를 준비하는 현명한 사람들이 엉뚱한 상품으로 노후자금을 마련하는 우를 범할 리 있겠습니까?

90대 노인?

부모님 연세가 어떻게 되시나요? 아직 정정하신가요? 노후에 자녀에게 짐이 되실 건가요, 덤이 되실 건가요?

최근엔 90대 노인들도 혼자서 병원에 다니는 모습을 종종 볼 수 있는데, 불과 10년 전만 해도 전혀 볼 수 없었던 현상이라고 합니다. 단순히 수명만 길어진 게 아니라 아프지 않고 건강하게 살아가는 시간이 길어져 가고 있다는 얘기죠.

노인들 스스로도 자녀에게 짐이 되지 않으려 건강에 신경을 많이 쓴다고 합니다. 하지만 아무리 건강하다 해도 준비된 노후자금이 없다면 자녀들에겐 엄청난 부담이 아닐 수 없습니다.

사랑스러운 자녀들을 잘 키워내셨다면 말년에도 당당한 모습을 보여 주십시오. 준비만 제대로 하시면 자녀에게 짐이 아니라 덤이 될 수 있습니다.

지금 준비해 둔다면, 결코 후회하지 않으실 것입니다.

앞으로의 금리는?

선진국과 후진국, 어디의 금리가 더 높을까요?
앞으로의 금리는 오를까요, 내릴까요?

선진국과 후진국의 금리를 비교하면, 당연히 후진국의 금리가 높습니다. 지금 같은 글로벌 시대에 미국의 금리가 5%고, 필리핀의 금리도 5%라면… 어디에 돈을 빌려주겠습니까? 후진국의 금리가 단 1%라도 높아야 후진국으로 돈이 들어갈 것입니다.

금리도 수요와 공급의 원리로 보면, 돈이 더 필요한 곳에서 더 많은 금리를 주게 되어 있습니다. 선진국보다는 후진국이 도로, 항만, 통신 등 사회간접자본 사업도 많이 필요하고, 기타 민간사업도 활발할 수밖에 없겠죠.

세상에 공짜는 없다

보험료가 부담되신다고요?
자동차 있으시죠? 자동차는 부담되지 않으신가요?

보험료가 부담된다는 말씀, 충분히 이해는 됩니다.
  그런데 어떤 자동차를 타시나요? 설마 자동차가 값이 싸서, 부담이 안 돼서 사신 건 아니죠?

  세상에 공짜는 없습니다. 소형차는 소형차만큼, 중형차는 중형차만큼, 이 세상 모든 것들은 다 그 가치만큼의 대가를 요구합니다.
  부모로서 아이들을 잘 키워야 한다는 것도 하나의 부담이지만, 내 아이들이 소중한 만큼 그 대가를 지불하지 않으십니까?

  필요한 것은 필요한 만큼의 대가를, 소중한 것은 소중한 만큼의

노후 준비에 연금보험이 딱!인 이유

대가를 요구합니다.

우리에게 있어 소중한 것은 무엇인가요? 소중한 만큼의 대가를 치러야만 합니다.

우리의 노후가 자동차보다 덜 소중할까요?
노후의 생활이 소중한 만큼, 그만큼만 준비하십시오.

세상에 공짜는 없습니다. 모든 걸 쉽게 얻으려 하지 마시고, 힘들더라도 내 가족이 소중한 만큼, 내 미래가 소중한 만큼 좀 더 많이, 좀 더 크게 준비해 나가야 합니다.

토끼와 거북이

토끼와 거북이의 경주 아시죠? 누가 이겼나요?
거북이가 어떻게 이겼는지 아시죠?
현실 사회에서도 거북이가 토끼를 이길 수 있을까요?

예전에는 한때 잘나갔던 연예계 톱스타들이 거지꼴 되는 경우가 많았습니다. 항상 잘나갈 줄 알았던 거죠. 마치 토끼가 무조건 자기가 이길 줄 알았던 것처럼요.

하지만 요즘은 그렇지 않습니다. 대부분의 톱스타들이 자기관리는 물론 수입관리도 잘해서, 정말 미래를 잘 준비해 가죠. 더운 여름날에 추운 겨울을 대비하는 개미들처럼요.

그럼 토끼를 이길 수 없는 거북이는 게임을 포기해야만 할까요? 단순히 경주 게임이라면 포기해도 됩니다. 그게 뭐라고.

하지만 우리 인생의 미래는 포기와 상관없이 닥쳐오는 현실입니다. 부족하면 부족한 대로, 힘들면 힘든 대로, 한 발 한 발 나아가야만 합니다.

책임 있는 사람들의 특징은 자신의 책임을 남에게 떠넘기지 않고, 자신이 한 것 이상을 바라지도 않는다고 합니다. 비록 거북이처럼 느릴지라도 멈추지 않고 간다면, 언젠가 목적지에 다다른 자신을 만나게 될 것입니다.

오늘 할 일을
내일로 미루지 말라

어제, 오늘, 내일 중에 어느 시간이 가장 중요할까요? 어제, 오늘, 내일 중에 우리 의지대로 조절할 수 있는 시간은 언제입니까?

과거가 아무리 화려했다 해도, 이미 죽어버린 시간입니다.
내일 정말 좋은 시간이 약속되어 있다 해도, 아직 오지 않은 시간입니다.
우리 마음대로 조절할 수 있는 시간은 오늘뿐입니다.

그래서 오늘 할 일을 내일로 미루지 말라고 하는 것입니다. 오늘을 놓치면 지금의 오늘은 다시 오지 않습니다.

내일로 미루지 말고, 오늘 꼭 해야 할 일을 말씀드릴게요. 지금

노후 준비에 연금보험이 딱!인 이유

당장 연금보험을 준비하십시오.

지금의 선택이 우리의 미래 모습을 훨씬 여유 있고 멋있게 바꿔 줄 것입니다.

미래는 누구도 알 수 없다.
애쓰고 노력하며 미래를 만들어 갈지라도,
예기치 못한 상황은 언제나 발생할 수 있다.

우리가 미래에 발생하는 일들을 통제할 수 있는가?
상황 자체를 통제할 순 없다.
하지만 그 상황에 어떤 준비를 했고,
또 그 상황에서 어떤 대처를 하느냐는 우리의 선택이다.

우리에게 지켜야 할 현재의 삶이 있고,
이뤄가야 할 미래의 꿈이 있다면
그에 걸맞은 삶을 살아야 한다.

내가 준비하고 노력하는 만큼 삶은 이루어질 것이다.

3장

What
행복한 노후를 위한 선택

새로운 날

저마다 바쁜 마음에
걸어도 보고, 뛰어도 보지만
어차피 우리에게 주어진 시간은 한세상

어떤 이는 조금 살다
어떤 이는 좀 더 살다
우리는 그렇게 가야 할 곳으로 간다

주어진 시간만이라도
서로 사랑하고, 이해하며 살자
작은 것에 행복을 느끼고
하는 일에 보람도 느끼며

이미 지난 시간 어쩔 수 없다지만
남은 날들은 후회 없이 살자
지는 낙엽 한 잎에도 사랑을 느끼며

죽음을 향한 삶이 아닌 내일을 향한 삶
언젠가 내 주변 모든 이가 울고 있을 때
여유로운 마음으로 떠날 수 있는
그런 삶을 만들어 보자

3장 What-행복한 노후를 위한 선택

무엇을 준비해야 하나?

이미 연금보험에 가입한 분들이 후회하는 세 가지가 있습니다.
현명한 선택을 하고도 왜 후회를 할까요?

많은 현명한 분들이 노후를 위해 이미 연금보험을 갖고 계시고, 또 추가 가입도 많이 하십니다. 추가 가입 상담을 하다 보면 이분들이 후회하는 세 가지가 있습니다.

바로 경험생명표 때문입니다.

• 노후 준비에 **연금보험**이 **딱!인 이유**

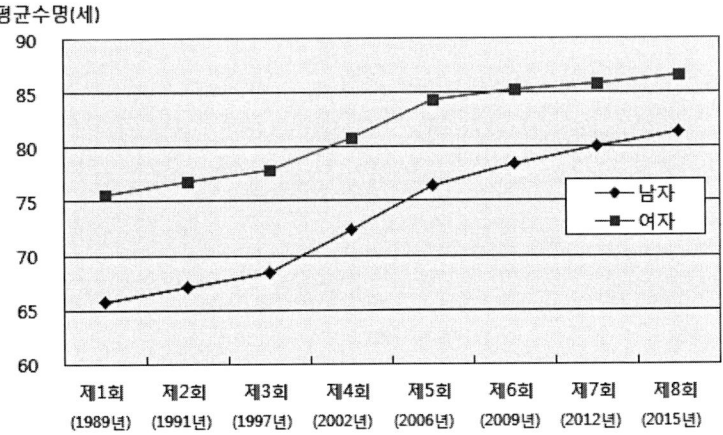

[그림 3-1] 경험생명표

구분	회차	제1회	제2회	제3회	제4회	제5회	제6회	제7회	제8회
	시행시기	1989	1991	1997	2002	2006	2009	2012	2015
남자	평균수명	65.8	67.2	68.4	72.3	76.4	78.5	80.0	81.4
	직전비교	-	1.41	1.23	3.93	4.08	2.1	1.5	1.4
	증가율	-	2.1%	1.8%	5.7%	5.6%	2.7%	1.9%	1.8%
여자	평균수명	75.7	76.8	77.9	80.9	84.4	85.3	85.9	86.7
	직전비교	-	1.13	1.16	2.96	3.50	0.9	0.6	0.8
	증가율	-	1.5%	1.5%	3.8%	4.3%	1.1%	0.7%	0.9%

자료: 보험개발원

3장 What-행복한 노후를 위한 선택

경험생명표를 보면, 제4회에서 제8회까지 13년간 7.4년의 평균수명이 늘었습니다. 2년에 한 살 이상씩 수명이 늘어난 거죠. 수명이 늘어날수록 연금을 받는 기간이 늘어나고, 보험사는 큰 부담이 되어 고객이 납입하는 돈에 비해 연금 지급액을 줄이게 됩니다.

그러다 보니 이런 후회들이 생깁니다.

첫째, 좀 더 일찍 가입할걸…. 이왕 추가하는 거 경험생명표가 바뀌기 전에 해야 했는데, "왜 빨리 얘기 안 해줬어요?"라고 따지기도 하시죠.

둘째, 좀 더 크게 가입할걸…. 갈수록 수명이 늘어나, 예전 자신이 가입할 때랑 비교하면 넣는 돈에 비해 받는 돈이 훨씬 적어져 있죠. 그때 좀 힘들더라도 더 크게 해야 했는데, "왜 그때 더 하라고 얘기 안 했어요?" 하고 원망까지 한답니다.

셋째, 좀 더 멀리 볼걸…. 대부분 납입기간을 짧게 잡으신 경우가 많은데, 이왕이면 최대한 길게 해야 납입하는 전체 금액이 커지고, 더 커진 금액으로 유리한 조건의 연금을 받을 수 있는 거죠. "그땐 10년도 길어 보였는데…."라며 후회하신답니다. 새로 가입해도 안 좋아진 조건으로 가입할 수밖에 없는 거죠.

그래서 몇 가지를 말씀드릴게요.

첫째, 지금 당장 시작하십시오. 지금보다 이른 시간은 없습니다.
둘째, 좀 무리가 되더라도 가능한 큰 금액으로 준비하십시오.
셋째, 짧게짧게 보지 마시고, 멀리멀리 보십시오.

최대한 납입기간을 길게 하고, 연금 수령 시기는 가능한 뒤로 미뤄 두십시오. 나중에 납입에 문제가 생기면 납입 중지하면 되고, 연금이 빨리 필요해지면 조기 개시하면 됩니다.

정말 중요한 한 가지를 추가로 말씀드리면, 다른 그 어떤 상품보다도 평생 연금보험을 준비하십시오. 연금의 처음도 마지막도 경험생명표인데, 경험생명표랑 관계없는 은행의 연금저축이나 증권사의 연금펀드를 가입하는 실수를 범하시면 절대 안 됩니다.
앞으로도 계속 수명은 늘어날 거고, 늘어나는 수명만큼 연금액은 쪼그라들 것입니다. 지금 빨리 연금보험을 준비하십시오.

3장 What-행복한 노후를 위한 선택

생각의
차이

생각의 차이가 결과의 차이를 만든다는 말 들어보셨나요?
과연 생각이 결과를 만들까요?

사실 생각만으로 결과가 만들어질 순 없겠죠. 하지만 모든 결과의 시작이 생각이라는 건 확실합니다.

노후에 고생하실 분들의 생각을 보면,

"당장 먹고 살기도 힘든데…."
"국민연금이 있으니 먹고는 살 거야."
"퇴직금이 있으니 괜찮을 거야."
"어떻게든 되겠지."

노후 준비에 연금보험이 딱!인 이유

"산 입에 거미줄이야 치겠어?"

그냥 대책 없이 미루는 회피형이 많고요.

노후에 행복하실 분들의 생각을 보면,

"비록 작게라도 지금부터 준비해야지."
"내 노후는 내가 준비해야 한다."
"국민연금만으로 내 노후가 해결될 순 없다."
"단지 사는 게 문제가 아니라 어떻게 사느냐가 더 큰 문제다."

어떻게든 준비해 가겠다는 적극형이 많습니다.

노후로부터 도피하시렵니까, 적극적으로 맞아들이시렵니까?

3장 What-행복한 노후를 위한 선택

묘수 많으면
바둑 진다

바둑 두시나요?

바둑에 이런 말이 있습니다. 묘수가 많으면 바둑 진다고. 바둑뿐 아니라 세상 모든 일이 묘수 많아서 좋을 일은 없다고 합니다. 무슨 뜻일까요?

묘수란 일반적인 정석이 아닌 경우를 말합니다. 정상적, 상식적인 수라면 묘수라고 안 하겠죠. 정상적, 상식적으로 살아도 아무 문제가 없다면 다들 그렇게 살겠죠.

묘수가 많다는 건 그만큼 상황이 안 좋다는 얘깁니다. 안타까운 건 세상 모든 일이 정석이 아닌 변칙만으로 계속 좋은 성과를 낼 수는 없다는 것입니다.

노후 준비에 **연금보험**이 **딱!인 이유**

노후 준비의 정석은 당연히 연금보험입니다. 지금부터 정석대로 한발 한발 걸어가십시오. 언젠가 노후라는 게임에서 여유 있게 승리하는 자신을 보게 될 것입니다.

국민연금의
탄생 이유

국민연금은 왜 생겼을까요?

사람에게는 눈앞의 현실을 중요시하는 습성이 있습니다. 미래의 내 모습을 내가 아닌 남 보듯 한다는 것입니다.

국민들 스스로는 늙어서의 생활에 준비할 생각을 안 하니, 나라에서 나서게 된 거죠. 나이 들어 굶어 죽는 비참함은 막아야겠기에 최소한의 사회보장책으로 국민연금이 생겨난 것입니다. 그러니 너무 부정적으로만 보지는 마십시오.

단지 먹고만 살겠다는 생각이 아니라면, 국민연금 외에 추가적인 노후보장을 준비하십시오. 괜히 자녀들에게까지 민폐 끼치지 말고요.

노후 준비에 연금보험이 딱!인 이유

3층 보장이라는 얘기 들어 보셨나요?
1층은 사회보장, 국가가 책임지는 거죠.
2층은 기업보장, 퇴직연금 아시죠?
3층은 개인보장입니다. 우리 스스로 준비해야 합니다.

노후에 편안하고 전망 좋은 3층 집, 어떠신가요?

3장 What-행복한 노후를 위한 선택

국민연금이 있다?

국민연금을 어떻게 생각하시나요?
노후에 얼마나 받을 것 같은가요?

국민연금에 너무 기대지는 마십시오. 그렇다고 국민연금을 너무 나쁘게 보지도 마십시오. 국민연금이란 굶어 죽지는 말라는 최소한의 노후자금일 뿐입니다. 사실 국가가 모든 걸 책임져 줄 수는 없지 않습니까?

그나마 지금의 국민연금도 앞으로 얼마나 지속될지 의문입니다. 갈수록 연금 받는 사람은 늘어나는데, 보험료를 내는 경제활동인구는 줄고 있다는 거 아시죠?

출산율은 갈수록 떨어지고 고령화는 심해지니 국가의 복지는 한

노후 준비에 **연금보험**이 **딱!인 이유**

계에 부딪히게 될 수밖에 없습니다. 복지 선진국들이 공적 연금을 많이 준다고 부러워하는데 사실 그만큼 많이들 냅니다.

유럽 국민들은 자기 소득의 20~30%를 국민연금 보험료로 냅니다. 우리는 어떤가요? 3분의 1 수준인 9%를 내고 있죠. 그러면서 유럽 수준을 바라고 있다면, 애당초 불가능한 욕심입니다.

제안 하나 드리죠. 유럽 국민들보다 부담이 적은 15~20% 정도의 소득을 개인연금으로 준비하십시오. 지난 기간 동안 적게 낸 돈까지 추가로 납입하신다면 그들만큼 여유 있게 살 수 있을 것입니다.

등급	월소득	연금보험료 (9%)	가입기간				
			15년 (75%)	20년 (100%)	25년 (100%)	30년 (100%)	35년 (100%)
22	1,060,000	95,400	243,340	315,990	388,090	460,190	532,290
25	1,290,000	116,100	262,750	341,180	419,040	496,890	574,740
27	1,470,000	132,300	277,940	360,910	443,260	525,610	607,960
30	1,760,000	158,400	302,400	392,680	482,280	571,880	661,490
33	2,080,000	187,200	329,400	427,740	525,340	622,940	720,550
36	2,420,000	217,800	358,090	464,990	571,090	677,200	783,300
39	2,800,000	252,000	390,150	506,620	622,230	737,830	853,430
42	3,230,000	290,700	426,440	553,740	680,090	806,440	932,790
44	3,600,000	324,000	457,650	594,270	729,880	865,480	1,001,080
46	3,750,000	337,500	470,110	610,520	749,870	889,270	1,028,580

[표 3-1] 국민연금 예상 수령액 (단위: 원)

자료: 국민연금관리공단(2011년)

3장 What-행복한 노후를 위한 선택

국민연금 포스터 공모 최우수작

2010년 국민연금 포스터 공모 최우수작인
『65세 때, 어느 손잡이를 잡으시렵니까?』를 보신 적 있으신가요?

그 포스터를 보면 위에는 폐지 수집용 손수레가 있고 아래에는 여행용 캐리어가 있는데, 그 사이에 "65세 때, 어느 손잡이를 잡으시렵니까? 품위 있는 제2의 인생 국민연금과 함께 시작하십시오." 라고 쓰여 있습니다.

그 포스터를 국민연금관리공단 홈페이지에도 올리고, 국민연금 광고에도 활용하다가 많은 국민들로부터 온갖 비난과 욕을 듣고 단 며칠 만에 슬며시 사라져버렸죠.

국민들로부터 어떤 비난과 욕을 들었을까요?

"국민을 상대로 공갈 협박하나?"
"국민연금만 착실히 내면 정말 65세 때 여행 다니고 여유롭게 살도록 책임져 주나?"
"폐지 줍는 노인 모두를 싸잡아 비하했다."
"잔인하다. 국민연금도 민영화된 줄 알았다."
"광고가 매우 패륜적이다."

어떻게 생각하세요?

정말 그 포스터대로 국민연금만으로 노후가 풍요로워진다면 저도 백 번, 천 번 박수를 보내겠습니다. 하지만 안타깝게도 가난은 나라도 구제를 못 한다고 합니다.

우리에게 닥치는 노후라는 사건이 우리로서는 어쩔 수 없다는 걸 누구나 알고 있습니다. 하지만 그런 만큼 어떤 준비를 어떻게 했느냐는 더더욱 우리의 선택일 뿐입니다.

3장 What-행복한 노후를 위한 선택

한국과 유럽의
국민연금 차이

유럽 사람들은 국민연금으로 여유 있는 노후 생활을 한다는데… 왜 우리는 안 될까?
한국과 유럽의 연금은 어떻게 다른지 생각해 본 적 있나요?

 한국과 유럽은 국민연금을 운용하는 방식에서 큰 차이가 납니다. 한국의 연금제도는 '부분적립방식'이라 하죠. 자신이 낸 돈으로 쌓인 적립금과 젊은 세대가 내는 돈의 일부분을 더해 연금으로 받게 됩니다.

 유럽 대부분의 나라들은 '부과방식'이라 하는데, 기본적으로 연금을 적립해 두지 않고 매년 젊은 세대에게 부과한 연금보험료를 노인들에게 그대로 지급해 버립니다. 그들도 처음에는 적립금 형태로 쌓

앉지만, 수명이 길어지면서 연금 받는 사람들이 늘어나다 보니 적립을 포기하고 들어온 돈을 다 내보내는 방식으로 바꿔야 했죠. 연금액이 지금 소득의 몇 % 정도인지를 나타내는 게 소득대체율인데, 유럽 국가들은 소득대체율이 높아서 일단 연금을 받기 시작하면 만족도는 높은 편입니다.

20세 무렵부터 64세까지 40년 이상 자기 소득의 20~30%를 내고, 65세에서 85세 정도까지 20년 정도 국민연금을 받으니 소득대체율이 50% 이상 되죠. 거기에 따로 준비해 둔 노후자금을 포함하면 여유로운 생활이 가능합니다.

젊은 세대도 20~30%의 연금보험료를 내고, 세금에다 따로 준비하는 돈까지 생각하면 소득의 60~70% 정도밖에 못 쓰거든요. 앞, 뒷세대가 비슷한 소득 수준이 되는 거죠. 일반적으로 젊었을 적 소득의 60~70%면 안락한 노후 생활이 가능하답니다. 유럽 국가들은 그나마 우리보다는 앞, 뒷세대 인구수 차이가 적어 조금은 사정이 나은 편이지만, 앞으로는 지금 같은 연금 제도를 지속하기 힘든 상황입니다. 그래서 연금 수령 나이를 늦추거나 연금액을 줄이는 식의 연금 개혁을 계속하고 있습니다.

우리는 어떨까요? 아직은 국민연금의 역사가 짧아 앞세대에 큰 지출이 없었지만, 갈수록 부담은 커지고 기금이 모두 고갈되고 말 것입니다. 언젠간 유럽 국가들처럼 부과방식으로 바꿔야겠죠.

우리도 한 40년 내고 20년 정도 받는다고 볼 때, 소득의 9%를 내니까 소득대체율이 18% 정도 되겠죠? 이대로는 9% 내면 18% 받기도 불가능할 것입니다. 앞, 뒷세대의 인구가 엄청 차이 나거든요.

80~90년대 학력고사 세대는 『백만』이라는 이름의 참고서를 알 것입니다. 그 참고서의 이름이 '백만'인 건, 한 해 대입 수험생이 90만을 넘는다 해서 붙여진 것입니다. 요즘은 어떨까요? 60만 명은 넘으니까, 20년이 좀 지난 기간 동안 30만 명이 사라져 버린 거죠. 앞으로 15년 후면 50만 명도 안 된답니다. 받는 기간보다 내는 기간이 두 배라 해도, 인구가 절반으로 줄어드니… 아마 9% 내고, 9% 정도 받지 않을까요? 지금 소득의 9%를 국민연금으로 받는다? 국민연금을 '궁민연금', '용돈연금'이라고 비난하는 이유들이 여기에 있습니다. 하지만 국가도 어쩔 수가 없는 거죠.

스스로 준비하지 않으면 안 됩니다. 국민연금에 너무 큰 기대하지 마시고 지금부터 준비하십시오.

인이었습니다. 5층 건물 하나가 내려앉아 무려 502명이라는 사망자가 발생한, 6·25 이후 최대 참사였죠.

3장 What-행복한 노후를 위한 선택

5층짜리 삼풍백화점도 무너지는데 수십 층짜리 건물들이 어떻게 괜찮을까요? 그건 기초의 차이입니다. 삼풍백화점은 원래 3층 건물이었는데, 2개 층을 불법 증축한 것입니다. 애초에 5층, 10층 건물을 기준으로 기초공사를 했더라면…, 그렇게 내려앉는 일은 없었을 것입니다. 3층까지면 된다 생각했는데, 어? 2층이 더 필요하네? 그래서 무너진 게 삼풍백화점입니다.

노후 준비도 마찬가지입니다. 만약 90살까지 살 거라 생각했는데, 어? 100살까지 살아야 하네. 그때 심정이 어떠실까요?

아무리 오래 살아도 충분한 수입을 마련할 수 있는 방법은 무엇일까요? 은퇴자금은 주택자금처럼 목돈을 마련하는 게 아닙니다. 은퇴 후 소득이 없는 기간의 생활비를 마련하는 것입니다.

매월 일정 금액을 받을 수 있는 금융상품으로, 수명연장에 맞춰, 정해진 기간이 아닌 언젠가 세상을 떠나는 그 날까지 종신토록 지급되는 종신연금이라야 합니다. 부동산과 주식, 저축 같은 투자상품은 수익이 높다 해도 죽기 전에 돈이 바닥날 수 있습니다. 아차 하면 삼풍백화점처럼 무너지는 거죠.

노후 준비에 연금보험이 딱!인 이유

우선 연금상품으로 죽는 날까지 나오는 월급을 마련해 두고, 장기저축상품으로 기둥을 삼는다면, 나머지 집을 꾸미는 일은 다양한 투자상품으로 하셔도 됩니다. 연금으로 기본적인 노후 생활을 하시고 추가적인 상품의 수익에 따라 여유 생활을 조절하시면, 행복한 노후 생활이 보장될 것입니다.

3장 What-행복한 노후를 위한 선택

늙은 노인과
나이 든 노신사

남 따라 장에 간다는 말 아시죠?
노후자금도 그냥 남들만큼만 준비하면 될까요?

노후에 처하는 상황은 제각각일 것입니다.
자녀가 있는 사람, 자녀가 없는 사람.
건강이 좋은 사람, 건강이 나쁜 사람.

지금 노후 준비에 대해 말씀드리고 있지만, 돈보다는 삶이라는 면에서 생각해 보십시오. 언제 은퇴할지보다는 60세 때, 65세 때 어떤 모습으로 살고 싶으신지? 어떻게 은퇴자금을 마련해서 살 건지보다는 은퇴 후에 어떤 삶을 살아갈 것인지?

옛날에 "열심히 일한 당신, 떠나라."라는 광고가 있었죠.

전 그렇게 살고 싶습니다, 컴퓨터 자판의 'Esc'처럼, 저를 얽매는 것들에서 벗어나 한 번씩 훌쩍 여행도 떠나고, 주변에 도움되는 일, 봉사활동도 하면서 그냥 늙은 노인이 아니라 나이 든 노신사로 말입니다.

원하는 노후의 모습, 그 모습으로 살아갈 수 있도록 미루지 말고 연금보험을 준비해 두십시오.

아니다 싶으면

길을 가다가 이 길이 아니다 싶으면 어떻게 하시나요? 돌아서 다시 가시나요? 이왕 온 거 그냥 그대로 가시나요?

우리가 길을 가다 보면, "어, 이 길이 아니네." 하는 경우도 많죠. 그럴 땐 돌아서 다시 제대로 된 길을 찾아가야 합니다. 혹시 그냥 그대로 가시나요?

일을 하다 "어, 이게 아닌데…" 하는 경우에는 어떻게 하시나요?

잘못을 범하지 않는 것도 중요하지만, 잘못을 바로잡는 일은 더 중요한 것입니다. 잘못을 바로잡을 용기만 있다면 새로운 도전도 과감히 할 수 있으니까요.

이번 기회에 제대로 가고 있는지 확인해 보고, 만약 잘못되었다면 지금까지의 길은 잊고 제대로 된 방향, 제대로 된 길로 가야 합니다.

연금은
누구 앞으로?

남자가 오래 살까요, 여자가 오래 살까요?
연금은 누구 앞으로 준비하는 게 더 나을까요?

　한 여자분이 그러더군요. 세상 아내들이 아픈 건 다 남편들이 속을 썩여 그런 거라고. 그럼 남편들이 아픈 건 아내들이 속을 썩여 그런 거냐 물었더니, 하지 말라는 짓 다 하고 다니는데 그게 왜 아내들 탓이냐 저들 탓이지, 라고 하시더군요.

　골골거리고 아픈 건 여자분들이 더하지만, 수명은 팔팔한 남자들보다 더 길다는 거 알고 계시죠? 통계상 남편을 잃고도 아내는 홀로 10년 정도를 더 산다고 합니다. 수명이 더 긴 건 물론이고, 나이도 남편보다 조금씩은 적으니까요.

가능하다면 남편보다는 아내를 중심으로 노후를 준비하십시오. 안 그래도 홀로 적적한 생활에 돈까지 없다면, 생각만 해도 서글프지 않습니까?

물론 100세까지 지급보증 같은 것도 있지만, 이제 100세 넘어 사는 것까지 각오해 두셔야 합니다. 평생을 함께해 주는 고마운 아내를 위해 기본적인 노후연금을 선물해 주십시오.

3장 What-행복한 노후를 위한 선택

괜히 부동산이라는 거품을 껴안고 거품처럼 꺼지지 않도록 미리 대비하십시오.

우리보다 20년 앞선다는 일본에서 이미 1990년대에 부동산 가격이 대폭락했었다는 사실을 명심해야 합니다.

일시금과 연금

60세에 은퇴를 하실 때….

 일시금 9억 원과 그 9억의 300분의 1인 300만 원을 매월 받는 연금 중에서 선택을 하라면 어느 걸 선택하시겠습니까?

 20년이 흘러 나이 80이 되면, 매월 300만 원씩을 썼을 때 일시금 9억 원은 한 6억쯤 쓰이고 3억 정도가 남겠죠. 모아둔 자산이란 오래 살수록 줄어드는 것입니다.

 연금 300만 원은 그대로 300만 원이 계속 나올 것입니다. 마치 젊었을 때의 월급처럼 변함없이.
 이제 어떤 걸 선택하시렵니까?

3장 What-행복한 노후를 위한 선택

언제까지 살지 몰라 불안하게 쓰는 큰돈보다는 매달 월급처럼 받아서 쓰는 연금이 마음 편할 것입니다. 게다가 인생 말년 10년간은 병치레의 시간입니다. 치매라도 생겨 간병 상태가 되면…, 자녀들은 어떨까요?

그나마 남은 돈 3억을 다 쓰기 전에 돌아가셔야 조금이라도 자녀에게 도움이 되겠죠? 안타깝지만 자녀들은 좀 일찍 돌아가시길 바랄지도 모릅니다. 재수 없으면 남은 돈으로 모자랄 수도 있거든요.

매월 300만 원이 나오는 분은요? 300만 원에 국민연금을 더하면 매월 간병 비용으로 쓰고도 많이 남습니다. 자녀들이 물 떠놓고 오래 사시라고 기도할지도 모릅니다. 며느리가 어디 일하러 나가도 그만큼 벌기 힘들 거거든요. 매달 나오는 연금이 노인의 가치를 올려주는 거죠.

이솝 우화에 나오는 황금알을 낳는 거위 이야기 아시죠? 만약 당신이라면 황금알을 낳는 거위의 배를 가르겠습니까?
황금을 '지키는' 거위라면, 거위를 죽여 버리고 황금을 가져가겠죠. 거위가 아니라 사자라고 해도 나이 들고 병들면 누구나 그 황금을 뺏으려 들 것입니다. 하지만 황금알을 '낳는' 거위라면, 죽이긴커녕 알뜰히 살뜰히 잘 관리해 줄 것입니다.

잘 준비한 연금은 효자와 효부를 만들 수 있습니다.

불안한 부자, 행복한 부자

불안한 부자가 되고 싶은가요?
행복한 부자가 되고 싶은가요?

돈으로부터 자유로운 사람을 본 적 있으신가요? 부자든 아니든 우리는 돈 관리를 잘해야 합니다. 돈이 무한정 있다면 막 써도 되겠지만…, 그런 사람은 없죠.

재벌그룹 형제들끼리 재산 때문에 싸우는 것도 누구나 돈에서 자유롭지는 않다는 뜻이겠죠?

행복한 부자란 원하는 시점에 원하는 돈이 있어서 하고 싶은 걸 돈 걱정 없이 할 수 있는 부자를 말합니다.

불안한 부자는 돈은 많은데 쓸수록 작아져서 '이거 다 써서 바닥나면 어쩌지?' 하며 불안 속에서 돈을 쓰는 부자를 말하고요.

노후 준비에 연금보험이 딱!인 이유

　원래 부자들이 더 돈에 민감합니다. 나이 들어 은퇴하고 나서 돈을 쓰는데, 갈수록 줄어든다면 아마 미칠 노릇일 것입니다. 젊을 때 같으면 쓴 만큼 벌면 되는데….
　돈은 많은데 하고 싶은 것도 마음대로 못 하면서 불안하게 사는 거죠.

　나이 들어갈수록 줄어드는 재산을 보며 불안하게 살아가지 말고 그냥 맘 편하게 쓰면서, 즐기면서 살아가십시오.
　노후자금을 연금으로 준비해 두면 매달 나오는 돈을 그냥 쓰면 됩니다. 어차피 이번 달 쓰고 나면 다음 달에 또 나올 거거든요.

　될수록 많은 돈을 연금으로 준비하고 일정 부분 목돈을 마련해 둔다면, 정말 행복한 부자로서 노후를 보낼 수 있을 것입니다.

평생 연금과
시한부 연금

평생 마음 편히 사시겠습니까?
시간을 정해 놓은 시한부 인생으로 불안하게 사시 겠습니까?

 연금을 받는 기간은 10년, 20년, 30년처럼 기간이 정해진 확정기간연금이 있고, 죽는 날까지 지급되는 종신연금이 있습니다. 둘 중 어떤 게 나을까요?

 노후를 위해 연금을 준비한다는 건 언제까지 살지 모르는 장수의 위험에 대비한다는 것입니다. 그러기 위해서는 100살이든, 더 오래 살든 내가 살아 있는 동안은 연금이 계속 나와야 하겠죠.

 노후를 위해 생명보험이 아닌 손해보험이나 은행, 증권사의 연금

노후 준비에 연금보험이 딱!인 이유

상품을 가입하는 분들이 있는데…. 한 가지 주의해야 할 것이 생명보험사 외의 연금상품은 기본적으로 지급기간이 정해져 있다는 점입니다. 평생 나오는 종신연금의 경우 경험생명표라는 백데이터가 필요한데, 그건 생명보험사의 전유물이거든요.

시간을 정해 놓고 언제까지는 죽겠노라는 다짐으로 시한부 인생을 살지 마시고, 언제 죽든 죽는 날까지 연금을 받을 수 있는 생명보험사의 연금상품으로 마음 편히 살아가십시오.

게다가 생명보험사의 연금은 종신연금뿐 아니라, 필요하다면 다른 연금상품처럼 확정기간연금으로 받을 수도 있습니다. 연금 받는 시점에 가서 상황에 맞춰 선택하시면 됩니다. 미리 고민하고 걱정할 필요가 없는 거죠.

복리의 마술

은행은 단리, 보험은 복리라는 이야기 들어보셨나요?
복리의 마술이라고 들어보셨나요?

 장기적 투자에서 정말 중요한 것은 마술과도 같은 복리의 효과입니다. 복리의 효과는 조금이라도 빨리 시작한 사람이 절대적으로 유리한 게임입니다.
 단리는 늦게 시작한 사람이 늦은 만큼만 손해를 보지만, 복리에서는 늦은 시간보다 더 많은 손해를 보게 됩니다.

노후 준비에 **연금보험**이 **딱!**인 이유

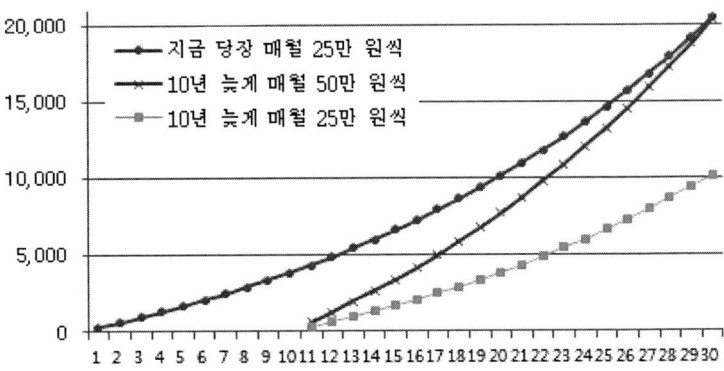

[그림 3-4] 30년 후 적립금 비교 (연수익률 5% 기준, 단위: 만 원)

◎ 연수익률 5%를 기준으로, 지금 당장 매월 25만 원씩 30년간 적립하는 사람과 10년 늦게 매월 50만 원 또는 25만 원씩 20년간 적립하는 사람의 30년 후 시점에 만기적립금 비교 (단위: 만 원)

구분	원금	만기적립금	적립률	발생수익
지금 당장 매월 25만 원씩 적립	9,000	20,471	227.5%	11,471
10년 늦게 매월 50만 원씩 적립	12,000	20,377	169.8%	8,377
10년 늦게 매월 25만 원씩 적립	6,000	10,188	169.8%	4,188

3장 What-행복한 노후를 위한 선택

30년을 25만 원씩 준비하는 사람과 10년을 뒤늦게 20년간 50만 원씩 준비하는 사람을 비교하면, 원금은 30년간 9,000만 원, 20년간 1억 2,000만 원으로 20년을 낸 사람이 더 크지만, 준비금액은 거의 같아지게 됩니다. 10년 늦게 시작했다는 이유로 3,000만 원을 손해 보게 되는 거죠.

무엇보다도 얼마나 빨리 시작하느냐가 핵심입니다.

아침에 일찍 일어나는 새가 먹이를 잡듯이 시작이 빠르면 얻는 것도 많습니다. 특히 돈이 돈을 낳는 복리의 효과는 시작이 빠른 만큼 더 큰 효과를 가져다줍니다.

투자의 대가인 워런 버핏이 복리에 대해 얘기했죠.

"복리는 언덕에서 눈덩이(snowball)를 굴리는 것과 같다. 작은 덩어리로 시작해서 눈덩이를 굴리다 보면 끝에 가서는 정말 큰 눈덩이가 된다. 나는 14세 때 신문 배달을 하면서 작은 눈덩이를 처음 만들었고, 그 후 56년간 긴 언덕에서 아주 조심스럽게 굴려 왔을 뿐이다. 중요한 것은 잘 뭉쳐지는 습기 머금은 눈과 진짜 긴 언덕을 찾아내는 것이다."

노후 준비에 **연금보험**이 **딱!인 이유**

보험보다 긴 언덕이 있을까요?

많은 것을 한꺼번에 준비하려 고민만 하지 마시고, 작은 눈덩이라도 지금 당장 굴려 가십시오.

수익의 크기

투자를 하신다면, 뭘 제일 중요하게 생각하시나요?
투자 수익의 크기는 어떻게 결정될까요?

$$\text{수익의 크기(단리)} = a \times r \times n$$
$$= 원금 \times 연수익률 \times 시간$$

a: 원금, r: 연수익률, n: 시간(투자연수)

수익의 크기는 원금의 크기, 투자수익률, 투자시간, 이 세 가지를 곱해서 결정됩니다. 원금이나 수익률이 '0'이면 당연히 수익도 '0'이 되고요. 아무리 원금이 크고 수익률이 높다 하더라도 투자시간이 '0'이면 역시 수익은 '0'이 됩니다.

이 세 가지 중에 우리가 마음대로 결정할 수 있는 건 무엇일까요?

원금의 크기? 전 재산이 5억이면, 5억을 다 투자할 건가요?

투자수익률? 수익률은 무조건 크면 좋겠죠? 하지만 수익률이 크면 위험률도 큽니다. 대박을 노리다 쪽박만 남을 수도 있다는 것입니다.

투자시간!

우리가 마음대로 결정할 수 있는 건 투자시간입니다. 어차피 지금 당장보다 더 긴 투자시간은 없으니까요. 투자시간의 중요성을 추가로 말씀드리면, 장기 투자 효과로 다양한 위험들을 헤지하는 기능까지 얻을 수 있습니다.

우리가 선택할 수 있는 가장 유리한 시간이 지금입니다. 지금 당장 시작하십시오.

> [참조] 수익의 크기 복리 계산식
>
> $$\text{수익의 크기(복리)} = (a \times (1+r)^n) - a$$
> $$= (원금 \times (1+연수익률)^{시간}) - 원금$$
>
> a: 원금, r: 연수익률, n: 시간(투자연수)
>
> 수익의 크기를 복리로 계산할 때 가장 중요한 것은 시간입니다. 원금의 크기와 투자수익률은 곱셈이지만, 시간은 곱셈이 아니라 거듭제곱이 됩니다. 시간의 복리 효과로 더 큰 영향을 주게 되는 거죠.

연금을 넣으면
얼마나 받을까?

연금을 통한 수익을 얼마나 기대하시나요?

연금을 고수익 상품으로 생각해서 내 노후에 큰돈 되어 돌아올 거라 기대한다면 오산입니다.

물론 연금도 금융상품인 만큼 수익을 창출하기는 하지만, 현재의 가치를 떨어뜨리지 않을 만큼, 물가상승률 정도의 수익을 기대하시는 게 마음 편하실 것입니다.

변액연금처럼 수익을 기대할 수 있는 상품도 있지만, 기대할수록 신경이 쓰여 오히려 조바심 때문에 손해 볼지도 모릅니다. 수익률만 따지면 부동산보다 주식이 더 고수익이지만, 조바심 때문에 이익은커녕 손해를 보는 경우가 많은 것처럼요.

3장 What-행복한 노후를 위한 선택

만약 연금상품의 수익률이 다른 투자상품보다 미흡할지라도, 계약 시점의 경험생명표가 다른 투자상품보다 큰 수익을 만들어 드릴 것입니다. 어차피 수명은 늘어날 거고, 늘어나는 만큼 고수익으로 많은 돈을 만들어 둔다 해도 노후라는 긴 여정에는 부족할 것입니다.

그냥 지금의 여유를 모아 두었다가 내가 힘들고 어려울 때 그 돈을 꺼내어 쓰겠다 생각하시고, 수명이 얼마나 늘어나든 평생을 편하게 쓰십시오.

준비되어 있다고요?

노후를 준비할 때 알아야 할 몇 가지가 있습니다.

잘 알고 있으면서도 제대로 인식조차 못 하는 노후의 위험 세 가지를 말씀드리겠습니다.

첫째, 장수위험. 생각보다 더 오래 살지 모릅니다.
둘째, 물가위험. 돈의 가치는 계속 떨어질 수밖에 없습니다.
셋째, 국민연금. 국민연금이 우리를 배신할 수도 있다는 것입니다.

『유엔미래보고서 2045』에서는 2045년경 인간 수명이 130세가 될 거라 합니다. 100세만 생각하고 있다가는 큰일 난다는 거죠. 은퇴 전의 삶보다 은퇴 후의 삶이 더 길 수도 있다고 각오하셔야 합니다.
그나마 물가 위험은 조금 걱정이 줄었죠. 선진국으로 갈수록 저금리에 저물가가 되거든요. 크게 걱정은 안 하셔도 될 듯합니다.

국민연금은 배신이라기보다는 사회적 상황이 어쩔 수 없다고 받아들여야 할 것입니다.

어쨌든 언젠가 닥칠 겨울에 지금껏 준비해둔 것만으로는 부족하다는 사실을 아셔야 합니다. 지금 옷이 준비되어 있다면 장갑, 목도리, 털모자도 준비해야 합니다. 장갑이 없어 호주머니에 손 넣고 걷다 넘어지기라도 하면 큰일이겠죠?

사람들은 은퇴 후엔 씀씀이가 줄어들 거라고 착각을 합니다. 하지만 정작 은퇴하신 분들에게 물어보면 그렇지 않다고 합니다. 오히려 의료비용 같은 건 훨씬 많이 쓰이게 되죠.

노후에 몇 살까지 살든, 건강할 때나 아플 때나 여유롭게 생활할 수 있도록 더 준비하셔야만 합니다.

노후 준비에 **연금보험**이 딱!인 이유

저금리 시대,
확정금리형 상품

확정금리형 상품의 최대 장점은 뭘까요?

어차피 저금리 시대를 받아들여야 한다면, 그 어떤 상품보다 확정금리형 상품을 먼저 준비하십시오. 앞으로 금리가 떨어질 게 뻔히 예상되는데, 당연히 지금의 금리로 확정된 상품이 먼저 아니겠습니까? 확정금리형 상품의 최대 장점은 그냥 정해진 대로 흘러간다는 것입니다. 앞으로의 금리가 어떻게 변하든 처음 약속을 그대로 지킨다는 거죠. 불확실한 미래를 대비하고자 보험을 넣는데, 뭔가 확정된 게 하나 정도 있다면 마음 든든할 것입니다. 확정금리형 상품으로 절대 흔들리지 않는 기초를 만들어 두고, 투자형 상품, 금리연동형 상품으로 추가적인 준비를 한다면 풍족하고 편안한 노후를 맞이하게 될 것입니다.

저금리 시대,
금리연동형 연금보험

은행의 예금 금리가 높을까요, 보험사의 금리가 높을까요?
은행은 단리, 보험은 복리라는 것 알고 계신가요?

 은행의 예금 금리처럼 보험사는 공시이율로 고객의 돈을 적립해줍니다. 그런데 둘을 비교해보면 어느 시점이든 보험사의 공시이율이 높다는 걸 알 수 있습니다. 왜 그럴까요?

 은행의 기본적인 수익원은 '예대마진'입니다. 예금이자에 은행의 이익을 더해서 대출이자가 되는 거죠. 쉽게 말씀드려서 대출이자에서 예금이자를 빼면 은행의 이익이 되는 것입니다.
 보험사의 공시이율은 단순히 말씀드리면 자산 운용을 통한 실제 수익률이라 생각하면 됩니다. 굳이 따지자면 은행의 대출금리와 유사한 수준이 되죠. 은행에 예금을 할 때 "예금이율로 드릴까요, 대출이율로 드릴까요?" 하고 묻는다면 무엇을 선택하실까요? 하지만 아쉽게도 어느 은행도 대출이율로 예금이자를 드리진 않습니다.

그럼, 보험사는 무엇으로 먹고살까요? 보험상품은 가입 초기에 사업비를 공제합니다. 공시이율이 높다 해도 실제 적립금에는 그 이율만큼 쌓이지 않는 거죠. 대신에 사업비가 발생하는 기간을 지나게 되면 그 공시이율만큼 쌓여가게 됩니다. 그것도 은행처럼 단리가 아니라 연 복리로 쌓여가는 거죠.

여기에 이자소득세가 없는 비과세가 가능합니다. 비과세가 가능한 유일한 금융상품이 보험이거든요.

요즘 은행에 가보면 은행 직원들도 은행 예금보다 저축보험을 더 권하고 있습니다. 자기네가 봐도 길게 보면 저축보험이 낫다는 얘기입니다.

금리연동형 연금보험의 특징을 좀 더 말씀드리면, 공시이율이 시중금리에 연동되기 때문에 시중금리가 오르면 오르는 만큼 수익이 커지고, 금리가 내리면 최저 보증이율로 시중금리보다 높은 수익을 지켜주게 됩니다.

연금보험이 노후를 위한 상품인 만큼 당연히 길게 보고 금리연동형 연금을 준비해 두시면, 시중금리가 오르든 내리든 은행보다 수익을 낼 수 있고, 세금 없는 평생 월급으로 죽는 날까지 우리를 지켜줄 것입니다.

저금리 시대, 변액연금보험

어떤 사람이 자신의 돈을 그냥 금고에 넣어 두고 있다면 어떻게 생각하십니까?
주식에 투자해 놓고 매일매일 주가를 쳐다보는 사람들은 어떤가요?

지금 같은 저금리 시대엔 은행도 금고와 같습니다. 이젠 투자의 시대입니다. 시대에 맞춰 투자 마인드를 가져야만 합니다.
하지만 투자는 투자자 책임입니다. 주식에 투자하고 불안해하는 사람들도 너무 많죠.

기본적으로 원금, 나아가서는 투자수익까지 지켜주는 투자상품이 있습니다. 게다가 노후에는 평생 연금으로 지급되고요. 또 다양한 형태의 연금 수령이 가능한 상품입니다.

이번 기회에 변액연금으로 노후를 준비해 두시죠. 변액연금이 노후를 보장하는 확실한 투자 수단이 되어드릴 것입니다.

노후 준비에 **연금보험**이 딱!인 이유

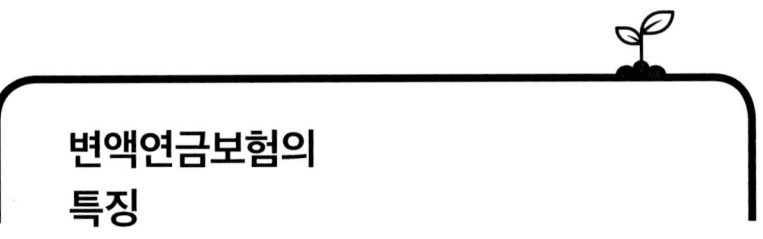

변액연금보험의 특징

투자상품들이 많은데, 변액연금보험의 특징은 뭘까요?

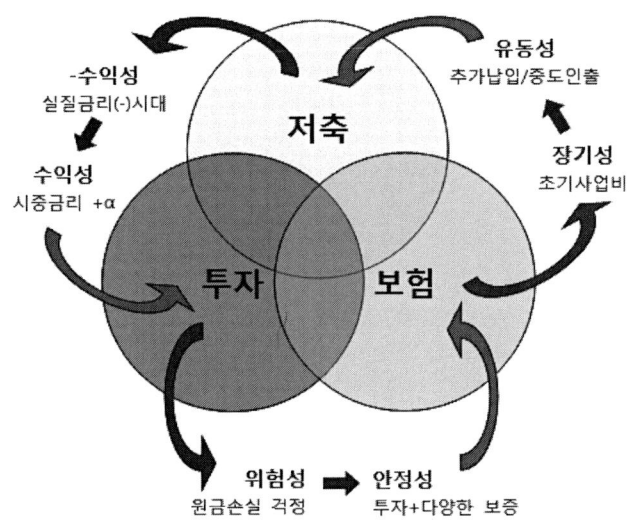

[그림 3-4] 변액연금보험의 '일석삼조' 구조

저금리로 인해 은행이 돈 벌어주는 시대는 지났습니다. 그래서 다들 투자의 시대라고 하죠.

왜 다들 투자를 얘기할까요? 예, 수익성 때문입니다.
그럼 우리나라 모든 사람들이 다 투자를 할까요?

모든 투자는 투자자 책임입니다. 이익도 손실도 스스로 감수하라는 거죠. 그런 위험성 때문에 투자를 기피합니다.

변액연금보험은 어떨까요? 변액연금보험도 투자를 통한 실적배당형 상품입니다. 그래서 투자자 책임이 원칙입니다. 하지만 위험을 다루는 금융이 보험이기에, 원금 보증이나 발생수익에 대한 보증과 같은 다양한 형태의 안정성이 보장되어 있습니다.

그럼, 무조건 좋을까요? 그건 아닙니다. 보험은 장기상품이기에 돈이 묶이게 됩니다. 투자 전문가들도 길게 보면 보험을 이길 상품은 없다고 합니다. 그런데 단기로 볼 때 중도에 해지라도 하면 손해를 보기 십상이죠. 한마디로 유동성이 떨어지는 것입니다.

그래서 변액연금보험에는 추가 납입과 중도 인출 기능이 있습니다. 여유 될 때 최대한 많이 넣어두고, 혹시나 목돈이 필요해지면 중도 인출해서 쓰면 되는 거죠.

보험사의 변액상품은 투자와 보험, 은행의 장점들을 합쳐 놓은 상품이라 생각하시면 됩니다.
하지만 몇 가지 유의할 점이 있습니다.
손실 위험에 대한 보증은 만기 시점이고. 기본적으로 보험상품이라서 초기 사업비 발생이 있기 때문에 짧은 기간으로만 보면 결코 유리하다고 말씀드릴 수는 없습니다.

연금보험이란 게 어차피 노후를 위한 상품인 만큼 길게 보고 준비해 가시고요. 중도에 목돈이 필요해지면 활용할 수 있다는 정도로 이해하시면 됩니다.

3장 What-행복한 노후를 위한 선택

수익성이냐, 안정성이냐?

투자는 투자자 책임 원칙입니다.
투자하실 때, 수익률과 위험률 중 어떤 것을 더 고려하시나요?
수익률이 먼저입니까? 안정성이 먼저입니까?

　수익률과 위험률은 동전의 양면과 같습니다. '하이 리스크 하이 리턴'이라고, 수익률이 크면 당연히 위험률도 큽니다. 그렇다고 위험률을 낮추면 수익률도 낮아집니다. 그래서 이 둘을 모두 고려하여 포트폴리오를 구성해야 합니다.

　달걀을 한 바구니에 담지 말라고 하듯이 분산투자만이 수익성과 안정성을 모두 이룰 수 있는 최상의 방법일 것입니다.

가능하다면 확정금리형 상품으로 위험률을 방어하고, 투자형으로 수익률을 추구하십시오. 남들보다 덜 위험하면서도 더 안정적인 수익을 올리게 될 것입니다. 노후자금을 한곳으로 몰아넣는 우를 범하지 말고 포트폴리오를 구성하십시오.

투자 리스크
헤지 방법

투자는 위험하다고들 하는데, 어떤 위험들이 있을까요?
그 위험들을 대비하는 방법은 뭐가 있을까요?

투자에는 크게 세 가지의 위험이 있다고 합니다.

첫째, 투자 시점 리스크입니다. 그 시점이 꼭대기인지 바닥인지 알 수가 없는 거죠.

둘째, 개별기업 리스크입니다. 다른 기업이 다 좋아도, 내가 투자하는 기업만 안 좋을 수도 있거든요.

셋째, 전체시장 리스크입니다. 쉽게 말해 우리나라 전체 또는 전 세계적인 불황 상태인 거죠.

이런 위험들을 대비하는 방법은 뭐가 있을까요?

투자 시점 리스크는 투자 시점을 분산하는 적립식 투자로 대비할 수 있습니다. 흔히 코스트애버리지 효과라고 하죠. 꼭대기든 바닥이든 다 평균가로 정리되는 거죠.

개별기업 리스크는 다양한 기업으로 분산투자하여 대비할 수 있습니다. 개별시장에서 발생하는 손실을 서로 상쇄하게 됩니다.

전체시장 리스크는 단기간이 아닌 장기간의 투자로 대비할 수 있습니다. 10년 이상이면 성장, 호황, 침체, 불황의 사이클로 자연스레 분산될 거거든요.

일반 개인이 직접 철저히 분산투자한다는 건, 금전적으로나 시간적으로 가능한 일이 아닐 것입니다. 변액연금상품으로 준비하신다면, 보험사가 대신 철저하게 분산투자해 드릴 것입니다.

부수적인
투자 리스크

대표적인 투자 리스크 외에 부수적인 투자 리스크도 많습니다.
어떤 것들이 있을지 생각해 보셨나요?

 하나씩 말씀드리면….
 우선, 정보의 불평등…. 현대 사회는 정보 시대입니다. 정보가 뒤처지면 결코 이길 수 없죠. 그러니 일반투자자가 기관투자자나 외국인투자자의 봉 노릇을 하게 되는 것입니다.

 둘째, 시장 변화 리스크…. 시장이 변화하면 투자 대상도 바꿔야 할 것입니다. 펀드에 투자하시더라도 채권형과 주식형이 있고, 주식형 중에서도 국내형, 해외형 등 참 많은 종류가 있습니다.

셋째, 세금 리스크…. 세금은 갈수록 강화될 수밖에 없을 것입니다. 현재는 주식 배당이나 채권 매매, 이자수익에 대해서만 과세되고 주식에 대한 매매차익은 비과세되고 있지만, 주식 매매차익에 대해서도 과세해야 한다는 의견이 많이 나오고 있죠.

마지막으로 원금 손실의 리스크가 있습니다. 투자를 통해 돈을 불리려 했는데 오히려 쪼그라들거나, 심하면 깡통이 되어버리는 것입니다.

이런 위험들이 두려워 투자를 피한다면 남들만큼의 수익을 기대하기가 힘들어집니다. 그럼 어떻게 해야 할까요?

변액연금으로 준비하십시오.

첫째, 전문가에게 투자를 위탁하는 만큼 남들과의 정보 싸움을 걱정 안 하셔도 됩니다.
둘째, 자유로운 펀드 변경을 통해 시장 변화에 적극적으로 대응할 수 있습니다.
셋째, 과세정책은 갈수록 강화될 건데, 이 상품은 5년 이상 납입하고 10년 이상 유지하면 비과세로 세금 없이 받을 수 있습니다.

　마지막으로, 원금 보증이나 발생수익 보증과 같이 다양한 형태의 손실 방어 장치가 준비되어 있습니다.

노후 준비에 연금보험이 딱!인 이유

세제적격이냐,
세제비적격이냐?

연금보험의 세제 혜택에 대해 아시나요?

돈을 내는 동안 세액공제를 받는 세제적격 상품과 나중에 연금을 받는 동안 비과세가 되는 세제비적격 상품, 두 종류의 세제 혜택이 있습니다. 둘 중 어떤 게 더 유리할까요?

딱 꼬집어 "어떤 게 유리하다."라고 말하기엔 무리가 있습니다. 국가에서도 둘이 비슷하다고 생각해서 선택하게 한 거니까요.
가능하다면 두 가지 상품을 다 준비하십시오.
하나만 선택해야 한다면, 우선순위를 생각해 보셔야 합니다. 연금은 젊은 시절 세금을 줄이기 위한 상품입니까? 내 노후의 삶을 지키기 위한 상품입니까?
당장 달달한 사탕보다 입에 쓴 약이 몸에 좋듯이, 지금 당장 세

3장 What-행복한 노후를 위한 선택

액공제 혜택을 주는 연금보다는 먼 훗날에 세금 없이 받을 수 있는 비과세 연금이 우선되어야 합니다. 쓴 약 먹고 사탕 먹지, 사탕 먹고 쓴 약 먹지는 않잖습니까? 김난도 서울대학교 교수의 말처럼 인생을 성공하는 비결은 현재의 쾌락을 미래로 지연시키는 능력입니다. 당장의 곶감보다는 미래를 선택하십시오.

우리가 노후를 맞이할 시대에는 사회 전체가 노령화됩니다. 인구 노령화는 국가의 경제 체력을 저하시키고, 국민연금이나 건강보험 같은 사회복지에 문제를 일으킬 것입니다. 당연히 세금도 오를 가능성이 크고, 내 연금에서 떼이는 세금도 많아지겠죠. 같은 만 원이라도 지금의 만 원과 늙어서의 만 원은 그 의미가 다를 것입니다. 탕수육을 먹은 뒤 배부른 상태에서 먹는 자장면과 호주머니를 털어 겨우 사 먹는 자장면은 그 맛이 다를 수밖에 없습니다. 노년엔 건강은 물론 모든 것이 다 나빠질 것입니다. 그래서 똑같은 돈도 그 가치가 더 커지는 거죠.

젊어서 능력 될 때 세금 내시고, 능력이 안 될 때 한 푼이라도 더 받도록 세제비적격 연금부터 준비하십시오.

중도 인출이 안 되는 연금상품

직장인들은 퇴직할 때가 되면 퇴직연금이든 퇴직일시금이든 꽤 두둑한 돈을 가지게 됩니다. 이 돈은 어떻게 모인 걸까요?

사실 우리가 애를 써 가면서 모은 돈이 아닙니다. 쓰고 싶어도 쓸 수가 없어서 모이는 것이지, 쓸 곳이 없거나 일부러 안 써서 모은 돈은 아니라는 것입니다. 만약 그 돈을 중간 중간에 정산해 쓸 수 있었다면 그 돈을 끝까지 지켜낸 사람이 몇이나 될까요?

노후연금은 강제성을 가져야 합니다. 마음대로 빼서 쓸 수 있다면, 과연 얼마나 제대로 준비될까요? 아마 노후에 이르기도 전에 모이면 쓰고, 모이면 쓰고…, 절대 그 목적을 이룰 수 없을 것입니다.

그래서 아예 중도 인출이 안 되는 연금상품을 권해드리려 합니다. 보험의 강점인 장기, 강제 저축을 하는 거죠. 중도 해약으로 손해 보는 게 아까워서라도 계속 모아가게 될 것입니다.

노후를 위한 10가지 생각거리

1. 노후가 고통스러울지 모른다.

    빈곤! 질병! 소외!
    돈 없고, 아프고, 외롭다.

2. 수명이 연장되었다?

    준비되지 않은 노후는 삶이 아닌,
    고통의 연장일 뿐이다.

3. 자녀들도 힘들다.

    (지금 부모님께 용돈을 얼마나 드리나요?)
    자식은 잘 키우면 곁을 떠나고, 못 키우면 평생 짐이다.

4. 여자가 더 문제다.

　　남자보다 긴 수명,
　　홀로 10년을 살아야 한다.

5. 남자는 심각하다.

　　아내의 눈치만 보며 젖은 낙엽처럼 착 달라붙은 남편들!
　　(할머니는 쓸 데가 있어도, 할아버지는 쓸 데가 없다.)

6. 국민연금으로 노후가 준비된다?

　　국민연금은 생존을 위한
　　최소한의 자금일 뿐이다.

7. 젊어서 준비하자.

   남보다 앞서서 준비해야,
   제대로 준비할 수 있다.

8. 이제라도 준비하자.

   늦었다고 포기하기엔
   우리 삶의 여정이 너무도 길다.

9. 아무리 많아도 모자란 게 노후자금

   급여가 오를 때마다,
   여유가 될 때마다 끊임없이 준비하자.

10. 돈이 행복을 좌우한다.

돈이 수명은 물론
삶의 행복까지 결정한다.

노후를 위한 몇 가지 제언

아프면 재미없다.
항상 건강에 신경 쓰고, 잘 유지하라.

일없이 빈둥대면 빨리 늙는다.
뭔가 일을 가져라.
사회를 위해 봉사한다면, 그도 훌륭한 일이다.

혼자는 외롭다.
늙으면 놀아줄 사람이 없다.
배우자를 소중히 여기고, 친구를 만들어라.

나이 들면 배우기도 힘들다.
젊어서 미리 늙어서도 계속할 취미를 만들어라.

돈 없으면 괄시받는다.
최대한 많은 노후자금을 준비해라. 그래야 자식들도 효도한다.
요즘은 돈이 효도하는 세상이다.

늙을수록 죽는 게 더 무섭다.
마음을 맡길 믿음(종교)을 가져라.

| 끝맺는 글 |

삶을 뜻하는 생生이라는 글자는 소牛가 외나무다리- 위를 건너는 모습을 형상화한 것이라 합니다. 인생人生이란, 외나무다리 건너듯 조심스럽고 어려운 것이란 뜻이겠죠.

지금 현재의 모습에 만족하시나요?
그렇다면 과거의 자신에게 감사하십시오.
만약 불만족스럽다면 과거의 자신을 되돌아보십시오.
과거의 나는 현재의 나를 위해 얼마나 투자했었는지….
오늘의 내 모습은 어제의 결과입니다.

미래는 다가오는 것이 아니라,
오늘의 노력으로 만들어 가는 것입니다.

준비(準[본받다], 備[갖추다]: 본받아서 갖추다)라는 단어의 사전적 의미는 '미리 마련하여 갖춤'이란 뜻입니다.

노아가 방주를 만들 때, 비가 왔을까요?
세상의 모든 일은 시기가 있는 법입니다.